子どもが不登校になったら親はどうすればいいのか

あなたの子どもはなぜ勉強しないのか 3

不登校編

学校法人神戸セミナー校長
カウンセラー

喜多 徹人

学びリンク

はじめに

お子様が学校を休みがちになった。

今まではきちんと学習して成績も悪くなかったのに学習しなくなった。

朝なかなか起きてこない。

注意したらスゴく不機嫌になる……。

このような状態になると保護者様はすごく心配しますよね。

そして、「ちゃんと行動して欲しい」「もとに戻って欲しい」と願うのは当然です。

そのようなときにどんな働きかけをすれば良いのか。

本書はそのようなご心配を抱えていらっしゃる保護者様のために、少しでも参考にしていただければという思いで書かせていただきました。


私（筆者）は不登校の中学生、高校生、そして高校を中退された人たちの元気を復活させて受験勉強などの「やりたいことがまたできるようになる」ことをお手伝いする学校を運営しています。

元高校球児で「昭和の体育会系」ど真ん中で過ごしてきた人間です。

高校時代は勉強そっちのけで高校野球に打ち込み、難関大目指して浪人を2年も続け、大学卒業後は大手企業でバリバリ働いてました。

そして31歳のときにご縁があって神戸セミナーという零細予備校の経営を引き受けることになりました。

最初は「経営者」の役割でした。

小規模な学校なので、当然私自身も授業を担当し、教材を作り、受験校指導もやっていました。その部分は「教育者」の立場ですね。

経営の戦略として大手予備校との差別化を考えた結果、「順調でない人のための予備校にする」と決断して方針を明確にしました。

「難関大を目指すが成績が伴わない」

「やろうと思っても学習が手につかない」

「とにかく学力が低い」

そんな生徒さんを対象にすることに決めました。

「基礎からはじめて難関大」というキャッチフレーズにしました。

そこで気がついたのは「順調な人に対してうまくいく面談を、同じやり方で順調でない人にやるとうまくいかない」ということです。
受験校面談をやったあと、生徒さんがため息をついて下を向いて帰っていくのです。

これアカンやん！

何のための、面談なのか！
元気になって気持ちを明るくすることが大切なのに「元気がなくなる面談」は意味がない、いや違う、マイナスだよね。

そこで発想を変えるようにしました。

「社会的に正しい話をする」⇓生徒の元気がなくなる
「生徒の笑顔が増える話をする」⇓生徒が元気になる

そのように考えると「教育者的なものの見方」ではなく「心理カウンセラーのも

の見方」のほうが効果的であるとわかってきました。

様々な心理学について学ぶようにすると、とても効果的で実践的な分野があることを教えていただき、学会に入り、集中的に学ばせていただきました。

結果的に「経営者」⇓「教育者」⇓「心理カウンセラー」という立場を経験することができました。

もちろん、現在も経営者でもあり教育者でもありますから「3刀流」で仕事をしていると言っても良いかもしれません。

単に「学校に行く行かない」だけではなく、「元気になる」「家庭の笑顔が増える」「不安が下がって行動できるようになる」などにお役に立てればいいなと思っております。

喜多徹人

※カウンセラーには「心の分析、深層心理を扱う立場」と「環境や家庭での会話などの相互作用を重視する立場」とがあります。後者はブリーフサイコセラピーと呼ばれることがあります。私が学んでいるのはこの立場であり、本書の内容はこちらに寄っています。

高等専修学校神戸セミナー

神戸セミナーは、中学で人間関係に苦労したり、起立性調節障害で通えなかったり、学習を頑張りたい気持ちがあってもうまくいかなかった人のための、「高校ではないもう一つの学校」です。

全日制高校とは違い、課題やテストに縛られることなく笑顔の回復を優先します。また通信制高校とは違い、毎日通うこともできます。毎日通うのが辛い時期は、週に1～2回でも可能です。

方針は「笑顔と元気、心の余裕を優先する」ということ。

ストレスを溜めないスキルと、人間関係のスキルを身につけてもらうことを目指します。

大学受験予備校の神戸セミナーが併設されており、希望すれば、中学レベルからやり直して難関大受験を目指すことも可能です。通信制高校も併設しているので高卒資格も取得できます。

〈設立〉　１９７７年（創業１９７０年）
〈所在地〉　神戸市中央区
〈生徒数〉　約１８０名（２０２３年７月現在）
〈ホームページ〉https://www.kobeseminar.ac.jp

目次

第4章

学校との関わりをどうするか 79

第5章

親にできることは何か 101

第6章

不登校からの回復の道すじ 131

第1章

不登校の子どもには何が起きているのか

登校拒否と不登校

１９９０年頃までは「登校拒否」という表現がよく使われていました。しかしそれ以降は「登校拒否」は使われなくなり、「不登校」という表現が主流になっています。

登校拒否というのは「登校しようと思えばできるのに自らの意思で行くことを拒む」というニュアンスの言葉です。

しかし実際には「学校には行くべきだし、できれば行きたい。でも行こうと思うとしんどくなって行けない」という方が圧倒的に多いのです。その状態を「不登校」と呼ぶように変わってきました。例えば起立性調節障害で起きようと思っても頭痛がする、ふらふらする、吐き気がするなどの症状が出て立って歩けない人がいます。この人は「行かない」のではなくて「行けない」人です。気持ちは「行きたい」のであって拒否しているわけではありません。しかし登校するという行動ができないのです。これを「身体が拒否」していると見ることもできるかもしれません。

また完璧主義でこだわりが強い人で「課題が１００％できていない。80％しかできていないから行けない」と思われるケースもあります。この人も、わざと行かないというわけではなく「１００％やって行きたい」と思われているのです。この人も「行けることなら行きたい」と思われているのです。

これらを含めて今は「不登校」と呼称するようになっています。

学校に「行かない」のか、「行けない」のか

この「行こうと思えば行ける」のか「行きたくても行けない」のかの区別は何よりも重要です。私は立場上、中学校の養護教諭さんの研修などを担当する機会がよくあります。公立中学の不登校の生徒の中には「行けるのに行かない」が一定数いらっしゃるのかなと思って尋ねるようにしていますが、ほとんどの養護教諭さんは「いない」とお答えになります。

世の中の「不登校」の生徒さんたちで実際は「登校拒否（行けるのに行かない）」

は経験上限りなくゼロに近いと思っています。

「行くことを拒む」というケースはあります。しかしその多くは「行くとストレスを感じる」「学校で過去にとても嫌な経験をした」という背景があるものです。

「行ってもストレスはないしスゴく嫌ではない。でも行かない」という人がほぼいない、ということです。

私がココにこだわるのは「行かない」と「行けない」とでは関わり方がまったく異なるからです。

「行けない」人に「行かないと将来困るよ」「行かないとあなたの希望通りにならないよ」などと不安になる言葉を投げかけると、さらに不安が増大して絶望的な気持ちになっていかれます。

「行けない人」に「行ったほうが良い」と言うのは無意味、いや逆効果です。

大切なのは笑顔と元気の回復

行きたくても行けない人の多くは、不安が高くてストレスを感じていらっしゃいます。

そして「ちゃんとやらなければならない」「このままでは取り残される」「遅れを取り戻すために頑張らないといけない」とどんどん考えて、その結果さらに自分を追い込んでしんどくなっていかれます。こういう人に大切なことは「不安を下げる」「ストレスを下げる」「笑顔を増やす」「安心させる」ということなのです。

人間は身体的に、体調が良くて健康なときと、疲労やウィルスで体調が悪いときがあります。

それと同じように、精神的にも「明るく元気なとき」と「元気がなくて不安なとき」の波があります。

そして身体の健康と、心の状態にはかなりの相関関係があります。不安で心配事が多いと体の調子も悪くなりますよね。

そして誰でもそうですが、心も体も元気であればいろんな行動ができます。

例えば不登校の方によくある起立性調節障害という病気は、朝起きられず、起きようとしても体が動かず目眩や吐き気が起こるなどの症状があります。

もちろん身体の病気なのですが、背景として「もともと学校に行くとストレスを感じてしんどい」という状況の人が、「その結果」この病気になりがちだと言うことが経験上言えます。

病気が治る⇓元気に登校できる

と考えるのではなく、

「明るく元気に学校に登校できるようになる」⇓結果として病気が治る

という考え方も解決に大いに役立ちます。

「不登校になりやすいタイプ」はあるのか①

「学力の高い進学校や、名門私立進学校でも不登校はいらっしゃるのですね」と聞かれることがよくあります。

そうです。

いや、公立高校の普通科の場合、伝統進学校のほうが、中堅の普通科高校よりも不登校（何とか登校しているが元気がない人を含む）は多いと思います。少なくとも私の学校に相談に来られる方はそちらが多数です。

なぜでしょうか。

人は「やるべきこと／やりたいこと」が思うようにできないと落ち込みます。

「良い成績を取りたい」⇓「成績が低い」
⇓「落ち込む」
「難関大に行きたい」⇓「合格できそうにない」
⇓「絶望的になる・落ち込む」

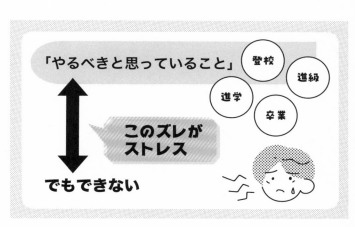

それに対して

「良い成績を取りたいができるかなあ」

⇓「そこまでできなかった」

⇓「まあこんなもんか」

というパターンだとそんなに落ち込みません。

私は高校球児だったと言いました。甲子園出場を目指して練習していました。しかし夏の県大会に優勝して甲子園に出場することはそんなに簡単なものではありません。

「可能性は低い」「多分無理かも」「でも可能性はゼロじゃない」「目指して練習しよう」

多くの公立高校の球児はこんなふうに考えています。そして都道府県大会で負けます。悔しい気持ちになり泣きますが、数日で受け入れて受験勉強を開始します。

つまり、

「高い目標を意識している」　↑これ自体は良いのですが……。

「絶対に結果を出さないと人生が困る」　↑このように思ってしまうこと、

あるいは「結果を出すために凄く努力をすべきである」と焦ってしまうこと。

このようなパターンが進学校の不登校の方にはよく見られます。

「やるべきこと」「目指すこと」「良い結果を出すこと」を「固く」考えてしまう人が、

「現状うまくいっていない」ということとのギャップをストレスに感じてしまわれるわけです。

「不登校になりやすいタイプ」はあるのか②

もう一つ別の見方もあります。

「手を抜けない人」のパターンです。

中学生になると科目ごとに担当教員が変わります。

GWや夏休みなどに、科目ごとに様々な「宿題」が出されます。一人の生徒の負担を考えて量を調整するという生徒目線の学校はあまりありませんから、急に課題の量が増えると負担に感じる子どもが多いものです。

それらをすべてきちんと真面目にすると、しかも100%やろうとすると負担が増えます。

幸いにも中学生時代の私は「教員の言うことをちゃんと聞かない困った生徒」でした。

あ、いや違います。表現を変えます。

「学力アップに役立つ宿題は納得してするが意味がないものは手を抜く中学生」でした。（本当！）

こういう人は上手に手を抜いて、精神的な負担を感じず学校生活をやっていくものなのです。

「手を抜く」というのは「自分で考えて優先順位をつける」ということなのです。

「宿題などの先生の言うことをすべて真面目に聞く」

「すべてにおいて良い結果を出そうとする」

「想定していた結果が出ないときに努力不足と考えてしまう」

こう考えてしまう人は「突然学校に行けなくなる」ということが起きやすいです。

「不登校になりやすいタイプ」はあるのか③

10歳くらいまでの子どもは周りのことがそんなに見えておらず、自分が思った通りに言葉を発し、行動します。しかし思春期になってくると「相手がどう思うかを考えて話す」「周りに気配りをする」などができるようになっていきます。ただ成長のペースには個人差が凄くあるので、10歳～15歳くらいにかけていつからそうなって行くのかは一人ひとりに違いがあります。

ということは……、小学校高学年～中学生の時期は、「気配りをする子とズケズケ話す子が混合している」という時期なのです。

想像してください。「気配りをする人」と「自分勝手に話す人」が会話をするとどうなるでしょうか。疲れるのはどちらでしょうか？

特に小5～中1などの年齢では「気配りする派」は少数です。心の中で「こいつらガキやなー」と思いながら適当にあしらえるスキルがあれば問題ないのですが、「気配りはするが仲良く遊びたい」「仲間から外れたくない」みたいに思われるととてもしんどい状況が続きます。すると休み時間に教室にいるととてもしんどい、ということが起こります。

注意！

不登校の中学生がたまに学校に行けたときに、担任が「学校では笑顔でみんなと話して楽しそうにしてましたよ」と保護者様に言うことがありります。「だからしんどそうでも学校に来させたほうが良い」などと言うのを真に受けることは危険です。

「学校に行くと元気になる」のか「学校に行くと元気に振る舞わなければならないのでさらに疲れる」なのかを見極めなければなりません。

帰宅したときの様子を見れば判断できます。「楽しかった」と笑顔で話してくるようなら前者。ぐったりして部屋にこもるのなら後者です。

①高い目標を意識してしまい、うまくいかないときに落ち込んでしまう。
②言われたことをすべてやろうとし、手を抜けない。
③周りに気配りをして集団ではきちんと適切に振る舞おうとする。
このような傾向がある中高生（小学校高学年を含む）は不登校になりやすいということが言えます。

子どもの「居場所」はどこなのか

お子様には多くの場合、「家庭」「学校」「友人関係」の3つの「居場所」があります。

思春期まではすべて同じように振る舞います。しかし思春期になるとこれら3場面で意識することや行動パターンは変わるものなのです。

同じ学校でも「得意科目の授業」と「苦手科目の授業」とでは心意気や授業態度は変わるもの。得意科目だと熱心に聞こうとするし発言しようとする。しかし苦手科目では聞く意欲も下がるし当てられないように先生と目が合わないように下を向くじゃないですか。

授業以外でも「教員がいるとき」と「気の合う友人同士だけのとき」とでは緊張感やストレスの感じ方は変わりますよね。

大人のみなさんも、「職場の顔」「ママ友とのランチの顔」「夫の実家に行ったときの顔」「家庭でリラックスしているときの顔」は違いますよね（笑）。

人は環境、構成メンバー、ストレスの感じ方などによって行動や意識することが変わりま

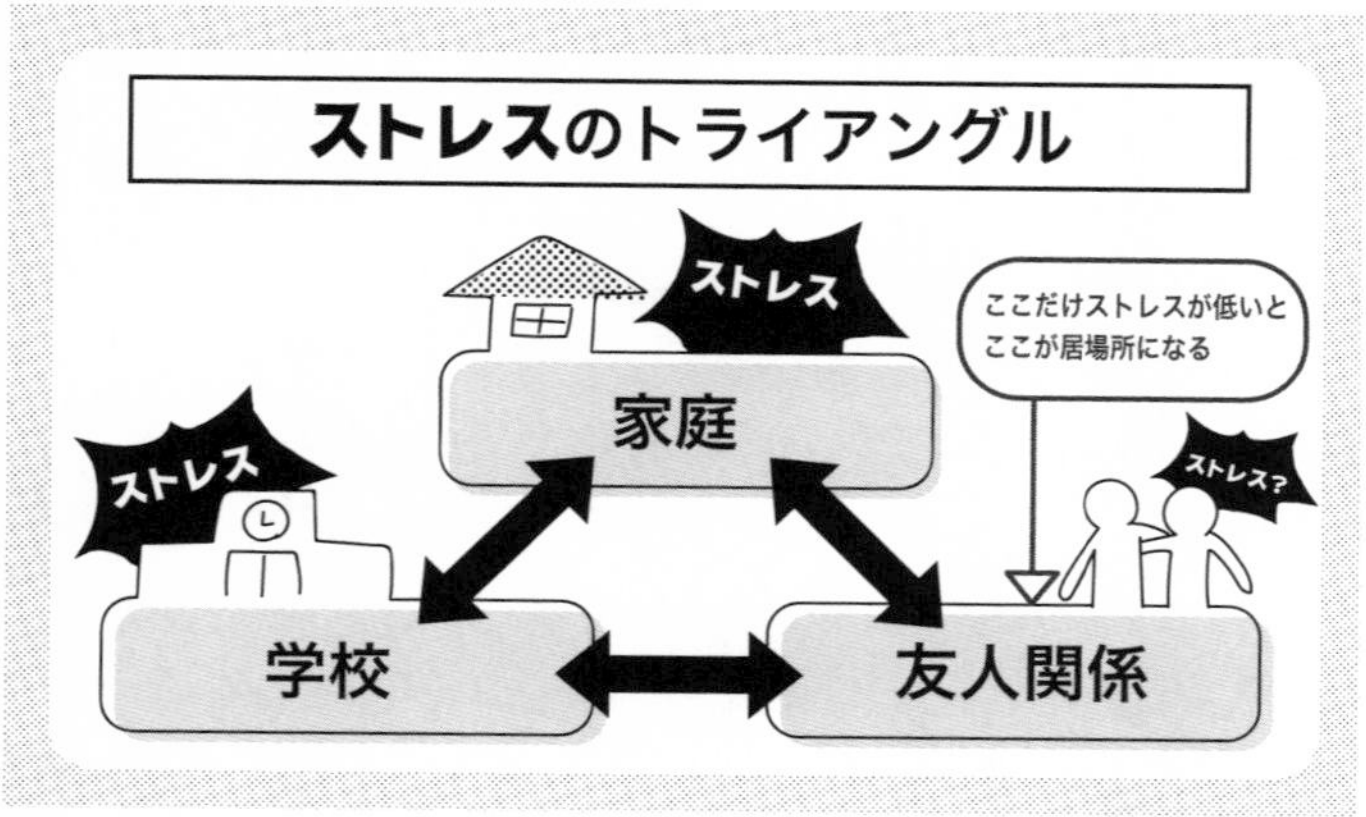

す。

もし学校にいるときに高いストレスを感じているとします。すると学校に登校するのが億劫になります。グズグズして遅刻するようになるかもしれません。そして家庭で「ちゃんと行動しなさい」と責められることが増えるとします。すると、学校でも家庭でもストレスを感じるようになってしまいます。

不登校になった生徒さんにはこのような状況に陥るケースが多いものです。この状況ではご本人からすると「学校と家庭以外の安心できる場所」が必要になるのです。

人には安心して寛げる場所が必ず必要です。「辛いけど頑張る場所」があるとしてそこで踏ん張れるのは「安心して休息できる場所」「ストレスを発散できる場所」があるからなのです。

コラム 1

やりたくてもできないこと

人は誰でも得意なことと、苦手なことがあります。私は小学生の頃は野球やサッカーなどの球技は得意でしたが、水泳と鉄棒は苦手だと感じていました。

また「調子」というものがあって野球が絶好調のときもあればなかなか打てないときもありました。そういうときに「打てなくても構わない」「打てないものは仕方ない」と思えれば良いのですが、意欲がある人ほど「打たなければならない」と思いすぎてしまい、結果が出ないとどんどん落ち込んでいきます。スポーツではこういう状況をスランプと言います。ここで大切なことは「気分転換」ですね。

「学校に行くべき」「勉強するべき」から一旦離れて、気分転換＝明るく元気になる、という視点がお勧めです。

第2章

不登校の子どもの「あるある」について

・昼夜逆転で、学校がある日なのに昼すぎまで寝ている。
・1日中、家でずっとゲームしている。
・食事中もスマホのイヤホンをつけて家族との会話を避ける。
・自分で行くと言ったくせに直前になってやっぱり行かないと言い出す。
・約束したのに守らない。
・親が責めているわけではないのに不機嫌そうにしている。
・勝手にイライラして叫んだり物にあたったりする。
・できないことを親のせいにする。

不登校の状態のお子様にはこういうことがしばしば見られます。

その状況を見て保護者様も不快に感じられてイライラしたりしんどくなってしまわれるケースがとても多いものです。

どうしてこういう状態になるのでしょうか。

昼夜逆転

20年以上、不登校の方の相談をしていますと、これらの現象は不登校のお子様がいるご家庭の多くで見られることです。特に「ゲームと昼夜逆転」はお約束というか、当然というか、当たり前というか本当によく見られる現象です。

これを「だらけている」「怠けている」「サボりぐせがついた」と見なしてしまうと……保護者さんはついつい説教する、それではダメだと否定する、無理やり起こす、というアクションをしたくなりますよね。

もちろんそうすることで、「良い変化が見られる」のならば良いのですが、なかなかそうはいきません。

不登校の人が元気になる時期があります。いつでしょう？　それは夏休みです。夏休みは、みんなが学校に行っていない時期です。授業も定期テストも始業式もありません。つまりそのときは「自分もみんなと一緒」の状態です。こういうときは少し元気になる人が多いものです。

一方、学校が活動しているとき、つまり授業がありクラブ活動をやっており、定期テストや学校行事がある時期。そういうときに学校に行けていない人の頭の中には、

「みんなが活動しているのに自分はそれができなくて取り残されている」という思いが頭の中をめぐり、⇓**「やるべきことができない情けない自分」**と感じてしまうことがあるのです。

そういう状況になると人は落ち込みます。

夏休み期間中は学校が通常営業をしていないので、「取り残されている」と感じないですむから気持ちは楽になります。少し元気になったりしますね。

同じことは週単位でもあります。土曜日曜は学校が「やってない」ので少し楽です。

そして1日の中では……？

昼間の「営業時間」よりも深夜の「休業時間」のほうが気持ちは楽になるものなのです。

ここで気をつけるべきことは、「休業 ⇒ 営業」となるときは通常以上にストレスを感じやすいということです。

「10代の人の自殺者が増える時期は9月1日」という事実は近年、報道されるようになりました。**長期休暇明けには不登校の人は強いストレスを感じます。とても「危険」な時期なのです。**同様に、1日の中でも「さあ今日こそ学校に行くぞ！」と考えてしまう朝の時間帯はストレスが上がってしまう時間帯ということになります。

他にも昼夜逆転要因はいくつかあります。

「明日は学校に行こうと思うが、行くと何が起こるかを考えてしまい、不安で眠れない」となって眠れない。

その不安を紛らわせるためにスマホでゲームをしてしまう。

「こんなことしていてはいけない、早く寝ないといけない」と罪悪感を持ちつつも不安が高まり余計に眠れなくなる。

そして朝方に寝落ちする。

こういうことが繰り返されると、明日は行こうと思わないようにすることで精神を安定させると考える場合もあります。

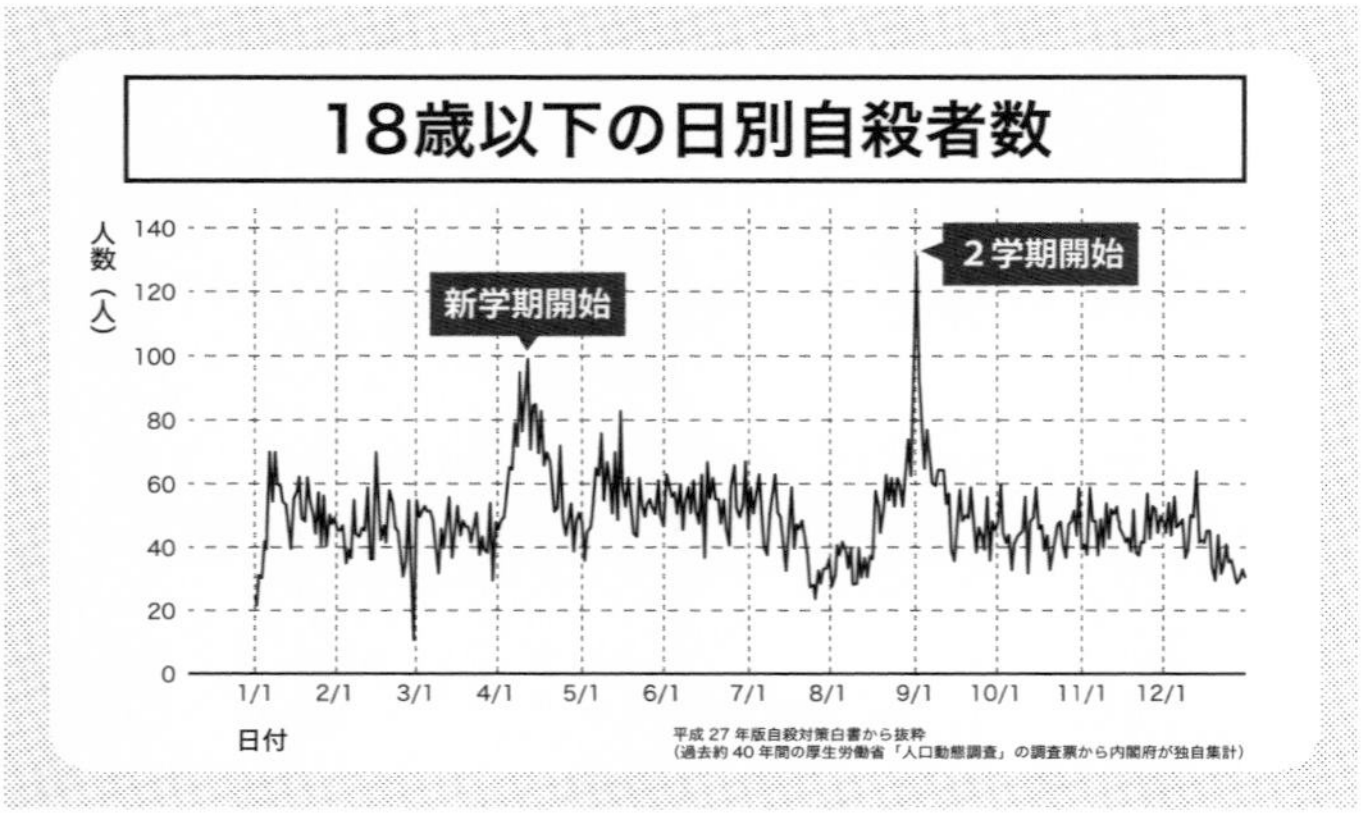

平成27年版自殺対策白書から抜粋
（過去約40年間の厚生労働省「人口動態調査」の調査票から内閣府が独自集計）

もう一つは**「親としゃべるとイライラする」**という要因です。

「明日はどうするの？」「学校に行かなくても勉強くらいしたら？」「いつまでもダラダラしていたら将来、ろくな大人にならないよ」

こういう言葉は「行きたいけど行けない」という人にとってはココロにグサグサくる「嫌な言葉」になります。もしこういう言葉を家族に浴びせられているとしたら、「親と顔を合わせたくない」と思われて部屋にこもる、食事を一緒にしない、昼間は部屋で寝ている、などの行動になっていくこともよくあります。

ゲームやネット

不安で眠れないとついついゲームをしてしまう、と表現しました。不登校になる人は、何も考えていないのではなく「こうしなければならない」「これをしないと将来困る」などと先のことを考えすぎるタイプが多いものなのです。やりたいことがこなせて順調なときは良いのですが……、やりたいことが予定通り進まず、ストレスを感じ、焦って遅れを取り返そうとハードルを上げようとしてしまい余計できなくなる。そのことでますます落ち込む、こんなことが起こりがち。

こういうときに「考えすぎや」「気にしなくてもいい」などと言うのは逆効果です。人は「考えないようにする」というのはとても難しいことです。

私は高校野球をやっていました。野球選手が1点負けている最終回に2死満塁で打順がまわってきたらどうなるか。よほどの一流選手でない限り「打てなかったらどうしよう！」「最後の打者になったらどうしよう！」「ボール球を振ったらダメだ」などなどあれこれ考えてしまうものです。よほど自信があって実績を上げている選手でないと無心で打席に立つことは難しいのです。

ではどうすればいいかというと、不安を生み出す思考を「邪魔することをする」。不登校状態であれこれ考えてしまって不安が高い人であれば、あまり考えなくてもできる楽しいことをするのがオススメです。

友人と好きなタレントやスポーツの話をする、ジョギングなど身体を動かす、音楽を聴く、歌う、などが考えられます。でも不登校で友人との交流は避けたい人も多いもの。家の外に出ることがストレスに感じる人もいるでしょう。するとてっとり早く楽しめるものとして「ゲーム」「スマホの動画」などが有力な候補になるものなのです。

つまり不登校の人にとっての「ゲーム」「ネット」は、不安でストレスを感じているときにどんどん落ち込むという状況について、気を紛らわせて精神を保つために必要なものとなっていることが多いのです。

「ゲームばかりする」という行動に注目するよりも、「ストレスが高く不安」という心の状況を想像してあげることが重要になるのです。

スクールカウンセラーさんや心療内科のドクターが保護者さんに「まずは生活習慣を正しましょう」「ゲームのやりすぎは良くないのでルールを決めましょう」とアドバイスされることがあります。

社会的に間違ったことではありません。昼夜逆転より朝起きて食事をしたほうが良いに決まってます。ゲームを10時間するよりもほどほどのほうが良いに決まっています。

「一般論」ではまったくその通りです。

しかし……、

- **不安で眠れないときにゲーム以外に何ができるか。**
- **今の親子関係で親がそう言ったら素直に聞くのか。**
- **ゲームを取り上げたらどう反応しそうか。**
- **ゲームを制限したら笑顔が増えて元気に登校するのか。**

などを想像してください。

「一般論」や「社会常識」としてその通りであっても、今うちの家庭でそれをするとどうなるかということが最も大切なことです。

親子の関係性

不登校の中高生の子どもと保護者様との関係にはつぎのようなパターンがよく見られます。

A：コミュニケーションを拒否

- **親が起きている時間帯は部屋からまったく出てこない。食事も自室で。**
- **空間を共有することはあるが一切しゃべらない。**
- **食事中もずっとイヤホンしてスマホ。**

というケースです。関係性を遮断したいと思われている状況です。

母とはある程度話をするが、父が帰宅すると部屋にこもる、というケースもよく聞きます。これらは「父親と会話をするとしんどい気持ちになる」と感じていられるのであろうと考えられます。

B：「大事な話」になると拒否

今日の食事は何を食べたいか、スポーツの結果はどうか、このドラマはどうかなどの日常会話は普通にする。しかし学校、登校、進路の話をしようとすると拒否する、というケースもとても多いです。

学校に行って勉強するべきだと思っている。しかしやろうとしてもできなくて苦しんでいる。それなのに「こうしないとだめよ」などと責められる、と感じられている場合にそういうことが起こります。そういう話題を避けようと反応される場合は、無理に話そうとせず、すぐにやめてあげるのが「良い変化」に繋がります。

C：親に暴言（時に暴力）

「自分がこうなったのはお前たちのせいだ！」と保護者を責めるケースもよくあります。

中学受験をさせた親が悪い、こんな学校に行かされてこうなった、あのとき助けてくれなかったから辛かった、など過去の出来事について「恨みつらみ」を述べられる。夜中に起こして延々と同じ話をする。返答の仕方によってはイライラして暴力を振るう、などのこともあります。こういう状況は保護者様も疲弊して辛くなりますし、逆にお子様に対して「反撃」をしてしまうことも少なくありません。お辛い状況をお察しします。

そういう状況の保護者様には、大変申し訳ないのですが、A「拒否」とC「暴言」とではどう違うと思われますか？

私が支援させていただくときに「やりやすい」のはCのほうなんです。

※「やりやすい」とは早く変化を起こして解決しやすい、という意味です。

Aの拒否に対してCはコミュニケーションを取ろうとされているわけです。「お前たちのせい」＝「お前たちが何とかしてくれ」と助けを求めていると見なすこともできます。すると親の関わり方を工夫することで、親子の関係性とご本人の気持ちに変化を起こすきっかけが、Aよりもやりやすいわけです。

D：親に愚痴を言う

「暴言」ではなく「愚痴」を言ってくれる関係のご家庭もあります。

「高校は続けたい、やめたくない。でも行こうと思うとお腹が痛くなるんや」

「医学部に行きたいけど……勉強する気にならない」

「修学旅行だけでも参加したい、でもやっぱり、無理かも」

こんな会話ができるとご本人のストレスが下がります。人はしんどい気持ち、辛い気持ちを聞いてもらえる人がいるだけでストレスが軽減します。

聞いてもらえる相手は、友人、養護教諭、カウンセラーなど誰でもいいのですが、いつも近くにいてもらえる家族が聞き役になることができればとても良いことだと言えます。

会社勤めの社会人の多くは仕事帰りに居酒屋やスナックに立ち寄り、店長や、ママに上司の愚痴、仕事の愚痴を言うものです。このときに飲み屋の店長も、スナックのママさんも「あなたの立場ならこうしたほうが良いよ」「もっと仕事頑張らないとだめよ」などとは絶対に言いません。愚痴を言うお客さんには「それは辛いですね」「それだとしんどいですよね」「そんなこと言われたら嫌になってやる気なくしますね」「そんな状況でよく頑張ってますね、凄い！」と気持ちを否定しないで聞いてあげることがポイントです。

解決してあげようと思ってアドバイスしようとすると裏目になって話をしなくなるものなのです。

親に暴力を振るうケースは、親が気持ちを否定したり、アドバイスをしようとすることがきっかけになっていることが多いものです。

約束を守らない

来週から学校に行くと言ったのに、当日になると起きてこないでやっぱり行かない。

こんなことはどのご家庭にもよくあります。

ゲームのところで触れましたが、例えば「夏休みで少し元気になった」とします。表情も明るくなり外出もするようになった。親と外食にも行き明るく話もする。そこで、機嫌がいいので思い切って「2学期からどうする？」と尋ねると「そろそろ行こうかな～」と言った、とします。保護者さんも嬉しくなり、よし！　行って欲しい。行かせたい、これはチャンスだ！　と思ってしまいます。

でもこれが危険なんです。

「夏休み要因」で元気にはなったけど、これは「季節要因」なだけで「学校に行くことのストレス」が解決しているわけではありません。8月25日くらい、いよいよ2学期が近づいてくると不安が増大して元気がなくなってきます。2日前や前日は不安マックスで眠れなくなるのは(私達専門家からすると)、お約束であり当たり前。

そして9月1日の朝は前夜、眠れなかったし、不安だし、起きられないし、起きられても行きたくないし……ということで「やっぱり行かない」(いや行けないのほうが適切な表現)となるわけです。

保護者さんからするとこれは「自分で行くと約束したのに守らない情けない子どもだ」と感じられます。一体何度期待を裏切ったら気が済むのだ、と思ってしまうので腹が立ったり悲しくなったりします。すると本人を責めたり嫌味を言ったり涙が出てきたりする。その様子を見て本人もイライラするか、さらに落ち込んでしまう……。負のシステムが循環してしまうのです。

不登校のお子様と「約束」はしないようにするのがオススメです。

「行こう、行きたいと思っている」「少し元気になると自分から行くと言い出す」「でもいざとなるとやっぱり行けない」こういうパターンになるものだと心の中で準備してあげてください。心の中でそう思えるようになると「約束」をせず、「そう思ってるんやね。行けたら良いね」と伝えてあげることができるようになります。仮に本人が「来週から学校に行く」と自分から言ったとしても、

「しんどかったら無理しないでね」
「行くかどうか当日決めようね」

事前にこういう言い方をしておけば「約束」にはなりません。約束して行けなかったら「情けない自分と思われている」と感じてしまい、親子の関係も悪くなり、ご本人も否定的感情となり状況が悪化してしまうのです。

コラム 2
不適切行動は「助けて欲しい」のサイン

関西には阪神タイガースファンが多いのですが、「巨人にだけは負けたくない」「巨人が負けると嬉しい」という人も多いもの。こういう人を「アンチ巨人」と呼びます。実はこの人達は巨人軍の試合に関心があるんですよね。選手のことも詳しく、出身高校や成績のことも知っていたりします。

そうなんですよ。「アンチ」という人たちはプロ野球にまったく関心がない人よりも関心があって「大ファン」でもあるのですよ。

愛情の反対は、嫌悪ではなく「無視」と言われます。
「親を避けてまったく話をしない」という状態よりは
「できないことを親のせいにする、暴言を吐く」⇒場合によっては暴力を振るうこともある、というのは実は親に助けて欲しいという気持ちが大きいことが多いのです。

私の経験では「まったく無視」よりも「親に暴言」のご家庭のほうが早く解決する傾向があります。

保護者様自身のストレスが高い場合は、早めのご相談をお勧めします。

第3章

親は何を目指せば良いのか

親が目指す3つのこと

不登校のお子様に「カウンセリングを受けに行こう」と勧めても拒否されることが多いもの。「自分は心の病気ではない」「残念な人だと思われたくない」という気持ちや、

「自分のことを根掘り葉掘り聞かれるのは嫌だ、話したくない」と感じていたり、あるいは「学校の敷地に行くこと自体がしんどい。カウンセリングを受けていると思われたくない」などのお気持ちがあるからです。

そうなると、保護者様だけでスクールカウンセラーの相談に行かれることになります。

一般的にカウンセリングではこんなふうに言われることが多いと聞きます。

「無理に学校に行かせないほうが良いですよ」
「しばらく様子を見ましょう」
「本人のタイミングを待ちましょう」

「お母さんは先回りせずどっしり構えましょう」

これらはすべて「親は何もするな」と言われた感じがしますよね。

子どもが困っているのを間近に見ていて「何もしない」ということ自体が辛いですよね。

で……??

何もしないでその後どうなるの?

どんな変化が起きるの?

何もしなくて良くなっていくの?

と感じてしまいますよね。

この章では保護者様がどのように対応すれば良いのか。そもそも何を目指せば良いのかについてお話しします。

つぎの3つを「親が目指すこと」として紹介します。

①家庭の笑顔を増やし本人を元気にする

第1章で述べましたが不安で落ち込んでいるより、明るく元気なほうが人は行動しやすくなるものです。まずは「笑顔」と「元気」が重要です。

②焦らず心の余裕を持たせる

「不登校と焦り」はセットとなっていることが多いものです。心の調子を崩しているのに「これ以上休んではいけない」と思ってしまう。すると無理をして行こうとする。これでますます調子を崩

してしまいます。無理をさせないことがポイントです。

③親に愚痴を言える関係になる

不登校や引きこもりでは「誰もわかってくれない」という孤立感が最も心配です。「世の中はみんな敵だ」と感じてしまうと誰にも話したくなくなり、外出もできなくなります。「親は理解してくれる」「親は味方だ」と思ってくれれば安心です。

では具体的な内容を見ていきましょう。

① 家庭の笑顔を増やし本人を元気にする

(1) 家庭の笑顔を増やす

お子様が仮に「学校に行くべきと思っている。しかし行けない」という状態だとします。自分では行きたい気持ちがあるので、「明日は行こうかな」と言うケースはよくあります。

それを聞いて保護者様も「行って欲しい。行かせたい」「将来困らないように学校は通ったほうが良い」と思われているとします。すると「頑張って行きなさい」と言いたくなるのは自然なことです。

そしてこのようなサイクルが起こりがちです。

親が「行ったほうが良いよ」と言う

⇓

本人は「明日は行く」と返事する。
⇐
親が、「朝、起こそうか、車で送ろうか」と聞く。
⇐
本人が（しぶしぶ）「うん」と言う。
⇐
（翌朝）親が起こそうとしても起きない。
⇐
言い争いが起こりお互いにイライラ。
⇐
家庭の空気が悪くなる。
⇐
会話がなくなり本人が部屋にこもる。

これでは「家庭の笑顔」と真反対でイライラが増すばかりです。こういう出来事があるとその後、数日は登校できなくなるものです。
不登校の人が登校しやすくなるのは、ストレスが下がって元気になったときです。
したがってストレスを上げるやり取り、つまり言い争いを減らすことが大切です。
ところで先程のサイクルでは誰が「悪い」のでしょう？　何が「悪い」のでしょう？

いや失礼、

「悪者探し」は良くありません。誰も悪くありません。

言い争いは「起こってしまうもの」であって誰もわざとやっているわけではありません。大切なのは「悪者を探す」ことではなく、どこを変えればパターンが変わり「良い変化が起きるか」を考えることなのです。

先程の言い争いのケースでは、

「明日は行く」と本人が言ったことをどう解釈するかがポイントになります。

保護者さんは多くのケースでは、

「嬉しい、行く気になった」

「行って欲しい。行かせたい＝応援したい」

と思ってしまうものです。当然です。当たり前です。

しかし、そこにこのやり取りのポイントがあります。


不安でストレスが高く登校できていない人が、明日から急に行けるわけがありません。

「明日は行く」と言うのは、

「行かなければならないと思っている。明日は行こうと思う」という**決意表明**です。

何かの要因でストレスが下がっていれば実際に行ける可能性はあります。しかし親が登校を促す言葉をかけただけでは行けるはずがありません。

「明日は行く」と言う言葉をこのように聞くよう心がけてください。

「焦りの気持ちで行こうとしているんだろうな」

「そう思っているけど多分行けないだろう」

と心の中で解釈をしていただくことができたら言い争いは起きません。

そして「当日は様子を見て無理そうだったら、やめておこうねと声をかけよう」と心の準備をしていただくのがオススメです。

ポイント

常に家庭の笑顔を増やすことを優先する。

「できないかもしれないが無理してやろうとする」とみんながイライラする。

(2) 本人を元気にする

第1章で明るく元気な状態であれば行動しやすいと説明しました。

「人は明るく元気で調子がいいとき」と「不安で辛くて元気がないとき」が誰にでもあるのではないでしょうか。

身体に例えましょう。

健康な状態のときは登校、出勤、学習、仕事、スポーツや趣味の活動などをやっています。そんなにストレスなくできるわけです。これを「通常業務」と呼びましょう。

しかし39度の熱がある、頭痛がする、肉離れをした、骨折など大怪我をした、こんなときはとてもじゃないけど通常業務ができません。

こういうときはどうしますか？　どうするべきですか？

無理に通常業務をしようとしても辛くて集中

できないし、良い結果も出ない。病気や怪我がさらに悪化するなどとマイナスのことが起こります。

病気や怪我をしたときは「通常業務をしてはいけない＝ドクターストップ」が標準的な対応です。

「昭和の体育会系」の時代では「投手が骨折しても投げ続けて称賛される」という風潮があった時期もあります。令和の時代の高校野球は、怪我をしていなくても防止のために「球数制限」というルールができて、無理をさせないことがスタンダードになりつつあります。プロ野球の先発投手の登板間隔は、昭和の時代は「中３日」でしたが、令和の日本のプロ野球は「中６日」で週に１回の先発が標準的です。

☆怪我をしないために無理をしない。
☆体調を回復するために無理せず休養を取る。

というのが今のスポーツ業界の考え方です。

さて身体のつぎは**「心の調子」**について考えましょう。

精神状態にも身体と同じように「病気や怪我」に近いことが起こります。仕事での失敗、成績不振、人間関係、失恋、大事なものを失う、など残念なことが起こると人は落ち込むものです。落ち込んで元気がなくなると「通常業務」ができなくなる、あるいはまた無理して通常業務をしようとするが、失敗を繰り返するということは誰にでも起きるのではないでしょうか。

これを「心の調子を崩している状態」と呼びます。


こういう状態のときは通常業務ができなくなります。

学習が手につかない。英語の長文を読んでも頭に入らない。数学の計算を間違える。

外出するのも嫌になる。いろいろ考えて不安で眠れず朝起きられない……。

さて心の調子を崩したときは、それでも無理して学校へ行くのか、行かないほうが良いのか、どちらでしょうか。

私からのオススメは「元気を回復するほうにする」ということなのです。

ポイント

しんどいことを無理にすると「こころの回復」が遅れる。
元気が回復するほうを選択するようにする。

②焦らずに心の余裕を意識する

不登校になるとご本人も保護者様も、どうしても焦ってしまいます。

・定期テストを受けに行かないと内申点に影響して高校に行けない。
・早く進学先を決めないといけない。

高校生だと、

・これ以上休んだら進級（卒業）できない。
・早く改善しないと大人の引きこもりになる。

などが頭をよぎります。すると「早く行動する必要がある」あるいは「遅れを取り戻すために頑張らないといけない」と考えてしまいます。

焦りによるこんなサイクルも起こりがちです。

「早く行動しなければならない」と強く思う。

⇐

しかし調子を崩した状況ではできることが限られてしまう。

⇐

やろうと思ったことが全然できない。

⇐

その状況にご本人はさらに落ち込む。

＋やると言っておいてやらないので保護者さんも落ち込む、またはイライラする。

⇐

家庭の空気が悪くなる。

車の運転に例えます。急いでいるときには事故が起こりやすいものです。時間に余裕があれば黄信号になったらブレーキを踏んで停車します。しかし「時間がない！」「間に合わない！」と焦っていると、黄信号になってもブレーキではなくアクセルを踏んで加速して交差点を通ろうとしてしまいます。

これは危ない！

「事故を起こすと大変だ、少々遅れてもいいから安全運転で行こう」と考えて黄信号ではブレーキを踏み、次の青信号まで待てば事故は起こらないでしょう。

起立性調節障害のため頭痛でふらふらしているのに「定期テストをなんとしても受けないと困る」と思って辛くても無理して登校してテストを受けようとする、でも頭が働かない。とても辛い。情けないと感じる。

それよりも「今は休んだほうが良いんじゃない」と言ってあげるほうが「事故」は起こりにくいものです。

中学でも高校でも（通信制高校でも）、学校というところは「年間カリキュラム」「行事予定」「シラバス」というものがあって、それらをその通りにこなしていかないと、進級や卒業ができません。

そして一般的に学校の文化は「焦らせる」という傾向がありがちです。「やることはいっぱいあるぞ」「それでは合格できないぞ」「時間がないぞ」などという言葉が飛び交ってます。夏休みはもちろん、3連休くらいでもたくさんの「課題」を出す学校が多くあります。

学校の指示を忠実に守ろうと思われている生徒さん、そして保護者さんは「急がないといけない」「休んでいる暇はない」と感じておられる傾向があります。そういう人が学校に行けなくなるとますます焦って、悪循環が起こりがちです。

ポイント

焦って無理をするより「遅れてもいいから休む」を選択する。

③ 親に愚痴を言える関係になる

元気を回復するためには休んだほうが良いと言いました。

しかし休んだだけで回復するのでしょうか。

私の25年ほどの経験では焦ってアクセルを踏んでいるとなかなか回復しないが、早めにブレーキを踏めるようになると回復が早くなることが多いのです。

でもさらに働きかけたい大切なことは、

「ストレスを溜めないような思考パターンを身につけること」

「溜まったストレスを発散すること」

の2つです。いわばストレスが溜まる量を減らして、出て行く量を増やせば元気が回復しますね。

※もちろん人の心はそんなに数学的ではありません。わかりやすくするためにこういう表現をしてみますね。

ストレスを溜めないためには「現実逃避」も必要

ストレスを溜めない方法で大変効果的なものは「気にしない」ということ。

休んでも気にしない。

テストを受けなくても気にしない。

留年しても気にしない。

進学できなくても気にしない……。


でも実際には、できませんよね。でもストレスが高まってくると状況によっては「何も考えないようにする」という工夫をして、ストレスを回避されている人もけっこうおられます。一般的な社会常識の言葉を使うと「現実逃避」と言います。

私は「上手に開き直る」と言います。

「学校に行って勉強するべきだ」「でも行けない。勉強も手につかない」

「残念だ、情けない」「どんどん落ち込む」

「どうしたら良いか考えるとそれができないので余計に落ち込む」

こんな状況に陥ったら、考えれば考えるほど先が見えなくなり不安が高まり絶望的な気分になります。

こんなときはストレスを回避するために「何も考えないようにする」「現実的な状況を見ない」というのが一つの戦略でもあります。


あ、ひょっとして「現実から逃げていては先に進めない」と思われました？

「そんなことをしていたら将来困るのでは」と思われました？


ごめんなさい！　それもそうですね。

でもこれを「プロ野球選手がアキレス腱断裂の大怪我をした」に例えてみます。

まだ引退はしたくない。また試合に出てレギュラーで活躍したい、と思っているとします。そのために今やったほうが良いのは何でしょうか。痛くてもギプスをしたまま練習をすることでしょうか。無理してでも試合に出ることでしょうか。

もちろんそうではありません。

怪我を治すことです。

そのためには半年以上は試合には出ません。「治療に専念」が大切です。

野球のことを考えると不安になります。同じポジションの他の選手が活躍すると落ち込むこともあります。

しばらく治療に専念しましょう。

大切なことは「もとの状態に戻すまではしばらく通常業務から離れること」です。

アキレス腱断裂で試合に出ようとすることはありません。しかし不登校の場面で明らかに心の調子を崩されているのに、登校する、勉強する、試験を受ける、受験する、などを焦ってやろうとして、回復どころかどんどん状況を悪化されているケースの相談を私はたくさん経験しています。

愚痴を聞くことでストレスは軽減する

さてここからが本題です。心の回復には家族の協力が必要です。

無理をして試合に出ようとする選手（＝心の元気がないのに登校しようと焦る子ども）に、「今は試合に出ないほうが良い」とブレーキをかけるほうが良いのです。

「でもそれでは進級できない」「志望校に行けない」と言われて反発するかもしれません。


それを頷きながら聞いてあげましょう。

それは残念だね。それは辛いね、と言ってあげましょう。

「愚痴を聞いて否定しないでゆっくりたっぷり聞く」

ということが家庭でできると、お子様のストレスは軽減します。

ここで大切なことは、

「アドバイスしない」

「社会的に正しいことを言わない」

「行動についての話をしない」

この3つです。

アドバイス

すべてのアドバイスは「現状の否定」です。「考え方や行動を変えなさい」ということです。でも調子を崩して元気がない人に「現状の否定」をすると余計に落ち込まれます。言っていることは愚痴なので、矛盾だらけになります。でもそれをすべて否定しないで聞くと、ストレスは軽減するもの。

人を元気にする第1段階は「話を聞いてあげる。絶対に否定しない」が基本です。

社会常識

つぎに「社会的に正しい一般論＝社会常識」の話をしないことも大切です。

例えば「学習しないと合格できない」「これ以上休んだら進級できない」「規則正しい生活をしたほうが良い」「ゲームのやりすぎは良くない」などの言葉を投げかけないようにしましょう。

不登校のお子様の大半は、そんなことはよくわかっています。わかっていてできないから落ち込んで悩まれているものです。精神を安定させるために、あまり考えないようにしている人は多いです。考えないためにゲームに「逃げている」という状況もたくさんあります。ストレスを下げるためには「社会常識の話をせず愚痴を聞く」が大切なのです。

行動の話

お母様が仕事から帰宅されて、玄関の靴の雰囲気などから今日も休んだのかな、と感じられた。詰問するような言い方ではなく「今日は学校行ったの？」と優しげな言葉で「質問」をした。すると本人は機嫌悪そうに嫌そうな表情になって黙って部屋にこもった。

例えばこんなやり取りは多くの家庭で起こりがちです。責めたつもりはないのになぜ機嫌が悪くなるのか？　それは「行動」に焦点を当ててしまうからです。調子を崩している人にとって行動ができるできないは凄く大きな問題です。

登校できなかった、試験に行けなかった、塾に行けなかった、勉強しようとしてできなかった、朝起きようと思ったが起きられなかった……。

こういうときは頭の中で残念だ、情けない、と感じて「一人反省会」をしてしまい、自分を責めて落ち込まれていることが多いのです。そういうことを忘れようとして気持ちを切り替えようとしたときに「行動ができたか？」と尋ねられると、また「残念な自分」を思い返すことになります。

神戸セミナーの担任との定期面談では、調子が戻っていない人に対しては、行動については触れないようにします。心の状態や思っていること、考えていることをテーマにして話します。

「行動」については、

◇やりたい気持ちはあるができない

◇できるのはどんなときかな

◇どんな工夫をしたら行動できそうかな
◇ではそれを試してみようか

でもこれは練習だからできなくても落ち込まないで！

こんなふうに扱います。

仕事から帰宅したお母様が「今日は学校行ったの？」の表現を少し変えるだけで、ストレスの感じ方は変わります。

「今日って…学校行けたの？　無理してない？」こちらのほうが少し楽です。

「行った」と「行けた」は大違い。「行けた」だと、行きたくても行けない事情をわかっているニュアンスが出るからです。

でも、もっと良いのは「行動については聞か

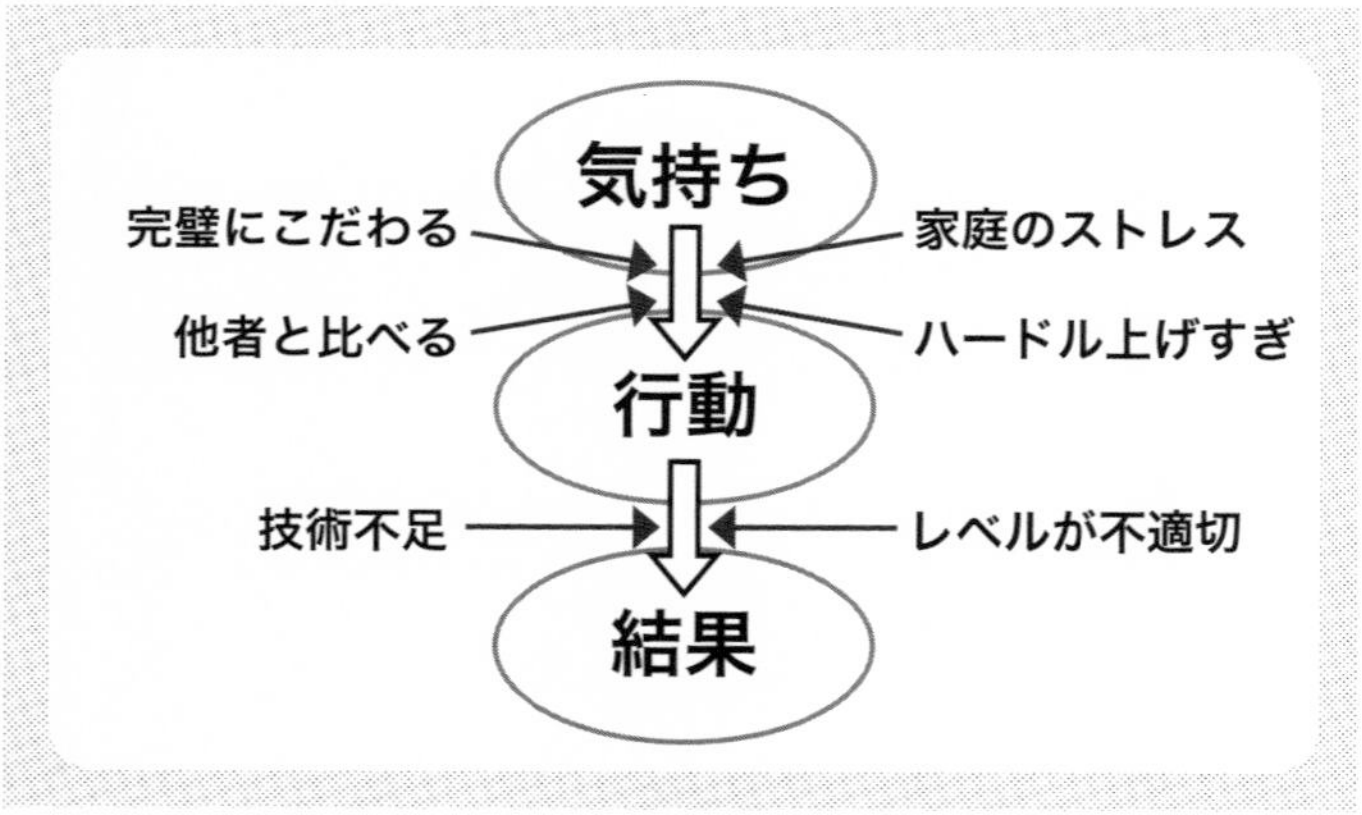

ないこと」なのです。

聞く場合は元気さや、ストレスについて聞きましょう。

「しんどそうな顔に見えるけど大丈夫?」

そしてさらに良いのは行く、行かないを親は気にしていない状態であること。これが本人のストレスを軽減する戦略です。


あ、大切なことを忘れていました。

「うちの子は親を避けている。話をしてこない」というケースも多いもの。そういうお子様が自分から愚痴を言うとは思えませんよね。


ではどうするか。会話を避けられている場合は「安心感を与える」を目指してください。避けられるのは「親と話すと辛くなる、しんどくなる」と思われているから。人は「嫌なことが起きる」と思ったらそれを避けるのは当然です。

・部屋から出てこない。

・一緒に食事をしようとしない／食事中もずっとスマホ＋イヤホン。
・まったく話そうとしない。

こういう状況は「親との会話は嫌なことしか起きない」と思われているからなのです。具体的に言いますと「アドバイス」と「社会常識」を浴びせられて辛くなるわけです。

『わかっているけどやりたくてもできないことを「やれ」と言って責めてくる親』
から
『自分の辛さやしんどさを理解して、助けようとしてくれる親』

このように感じてもらうことができれば会話が復活します。
そして愚痴（＝矛盾したこと）を聞いてあげて否定しなければ状況（関係）はどんどん良くなっていきます。
本人の将来のために良かれと思って「〇〇したら？」とおっしゃるのですが、その「アドバイス」がご本人にはナイフのように感じることもよくあるのです。

ごめんなさい。

元気なときならそれほどストレスに感じない「勉強したら？」という言葉も、アキレス腱断裂（心の調子が悪い）のときにはもの凄く責められている言葉になってしまう、ということです。

ポイント

辛いことを聞いてもらえる人が周りにいることが大切。
「親は安心して話ができる存在」と思ってもらう。

コラム 3

「心機一転頑張る」は良くない??

仕事でも、スポーツでも、学習でも同じなのですが、遅れている状況のときに

「心を入れ替えて頑張る」「心機一転頑張る」みたいな表現をよく聞きますよね。

私も教育業界にきて最初の10年ほどはそんな「幻想」を持っていました。

でもそれでうまくいくことはまずありません。

「遅れている」とは順調に進んでいないということです。すると大切なのは「気合を入れる」「本気になる」という精神論ではなくて、まず快適に進むような変化を起こすことです。

例えば、教材のレベルを変える、学習環境や手法を変える、大きなストレスが解消された、などの外的な明確な変化があったのなら、急にスイスイ進むことも可能です。

でもそういう要因がないのに急激にたくさんやろうとしてはいけません。

「無理せず少しだけ変化を起こしてみる」⇒「それなら続けられる」⇒「続けられることが嬉しい」+「少し結果も出てきた」⇒「気分良く進められる」⇒「そこから量を増やす」

これが神戸セミナーでオススメのパターンなのです。

第4章

学校との関わりをどうするか

学校との関わりをどうするか

前章で「社会常識がストレスの要因」と紹介しました。学校での「通常業務」、つまり「授業、宿題、定期テスト、模擬試験、クラブ活動、教員との面談、学校行事、友人と一緒に帰る」などはすべて「ストレス要因」となる可能性があります。あくまで「可能性」であって、「学習系はしんどいが友人と遊ぶのは楽しい」という人もいれば、「クラブだけは行きたい、続けたい」という人もいます。ストレス要因は様々なのです。

私は中学や高校の先生対象の研修を担当させていただくことがあります。不登校の生徒に対する対応がテーマであることがほとんどです。そのときに私が必ず話題とする内容を紹介します。

「39度の高熱でとてもしんどい。咳が止まらない」

「崖から転落して腰の骨を折った」など身体の調子が悪いときにどう指示するかです。

①無理してでも登校を促す。
②仕方がない。休んでも良いと言う。
③今日は休んだほうが良いと言う。

これを問いかけると、ほとんどの先生は③の休んだほうが良い、と答えます。

では身体の調子が悪いときはどうか？　と問いかけます（もちろんこちらが本題ですが）。

身体だと③が大半なのですが、心の調子だと①が少々、②と③が半分ずつ、と分かれることが多いのです。

なぜそうなるのでしょう？

第3章で説明したように、身体も心も調子が悪いときは、最優先で回復を目指すべき。調子が戻れば通常業務に戻れば良いのです。それなのに「しんどくても登校させたがる教員が多い」のはどうしてでしょう。

言い忘れました！　保護者様対象の「不登校講演」でも同じ質問をしています。そして傾向はほぼ同じで、身体だと③／心の場合は②と③に分かれる、となります。

大人たちはしんどくても学校に行かせたほうが良い、と思う人が一定数いるということです。

　なぜでしょう？　それは「学校に行くと友達と楽しく話して遊んで元気になる」と思っているか、あるいは「引きこもるより家族以外の人と接することが元気の回復になる」などと考えるからだと思います。

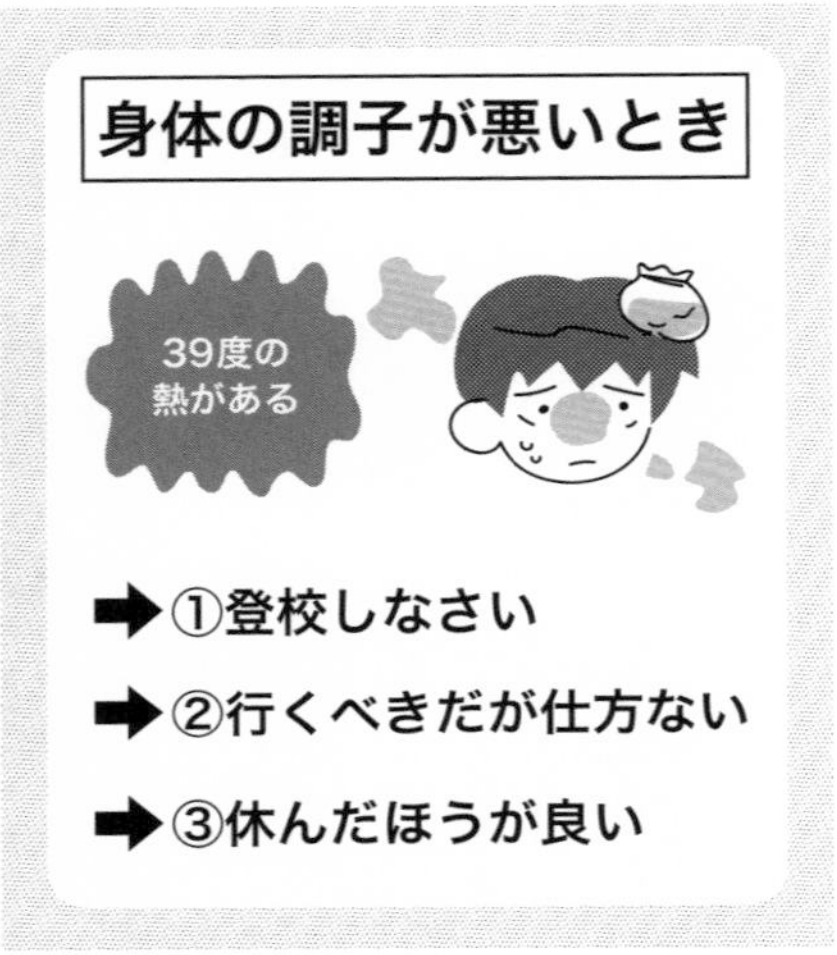
身体の調子が悪いとき
39度の
熱がある
➡①登校しなさい
➡②行くべきだが仕方ない
➡③休んだほうが良い

心の調子が悪いとき
不安で
たまらない
➡①登校しなさい
➡②行くべきだが仕方ない
➡③休んだほうが良い

＜一般論と個別論＞

学校というところは基本的に「みんなが同じことをする」というシステムとなっています。授業、テキスト、テスト、課題、行事、などが個人別に設定されることはめったにありません。数学が苦手、文章読解が苦手、体育が苦手、人前で発表が苦手、などなど一人ひとりの得意不得意や発達障碍の傾向、起立性調節障害である、過敏性腸症候群の症状があるなど、思春期以降の生徒達は一人ひとり価値観も能力も特性も様々です。

しかし学校や教員によっては多少の配慮はしてくれることはありますが、「システム」として個人別に配慮することは難しいものです。

そして、学校文化ではどうしても「全員にこれをさせると良い変化が起きる」と思いがちになります。

「小テストをすると単語力が伸びる」

「課題を出すと生徒の学習量が増える」

「大学受験を希望する生徒は模試を受けたほうが良い」などでしょうか。

調子を崩して不登校になった人に「一般論」で話をしてはいけません。

担任は家に電話をかけたほうが良いのか、家庭訪問をしたほうが良いのか、テキストや教材を渡しに行ったほうが良いのか、などなどは「その人の反応を見て判断する」ことが望ましいのです。

模擬試験は受けたほうが良いのか

調子を崩して不登校の高校2年生。週に2日程度「頑張って＝無理して」登校している。「進学希望者は全員模試を受けたほうが良い」と学校に言われて模試を申し込んでいる。しかし「模試を受けなければならない」と思うだけでさらに調子が悪くなる。学習ははかどっていないから受けても志望校に届きそうな結果は出ないのは明らか。

この状態の人に模試を受けさせたほうが良いのでしょうか。

（受験料はもったいないけど）受けないほうが良いのでしょうか？

どうしても学校文化だと「受験する気があるんだから模試は受けたほうが良いに決まっている」という一般論で考えがちになりますね。

そうではなく、その生徒の状態を見てどうなりそうかを考える、という個別の事情や相互作用から判断することが必要です。

共通テストを受けたほうが良いのか

公立普通科進学校の高校3年生。国立大志望。しかし調子を崩して学習がはかどらなくなっている。休みながらなんとか登校しているが高3での大学受験は断念すると決めた。卒業してから神戸セミナーで浪人して1年後に受験しようと思っている。共通テストは高校に促されて出願済み。さてこの人が今年（高3で）共通テストを受けに行ったほうが良いでしょうか。

保護者様からこういう相談が、毎年数件あります。
そして高校の先生からはこう言われることがほとんどです。

「来年も受験するんだから練習のために受けたほうが良い」

しかし保護者様は、私の講演を聞きに来られ、カウンセリングを受けられているので「無理して受けないほうが良いのではないか」と思われていることが多いのですが「入試に関すること」を「学校の先生」に言われたらそうしたほうが良いのかな、と迷われます。そして私に相談されます。

私の回答はシンプルです。
「お母さん、彼が受けに行ったらどうなりそうと思いますか?」と尋ねます。
現場に行ったら、Aのように感じるのか、Bのように感じるのかが大切なのです。

自分は受験生ではないから気楽だ！　みんな緊張してるかな、頑張れよ！
おお、なるほどこんな雰囲気か、よし大体わかったからもう帰ろう。

人が多いな……。みんなは受験勉強しているのに自分だけ取り残されている。
えっ、英語の長文ってこんなに長いの!?　全然わからへん、来年、これができそうな気がしない。今もまだ勉強ははかどってないのに……。

「経験になる」と言えるのはストレスなく状況を観察できること。しかし調子を崩して焦っている人は、模試や本番の入試会場に行くだけで大きなストレスを感じることが大半です。すると「マイナスの経験」となってしまい、来年の受験に行くときにそれを思い出して行けなくなる可能性が高まります。

調子を崩した人は「通常業務」をしてはいけないと繰り返しお話しています。模試や受験は元気を回復してからにしたほうが良いのです。

大切なのは、一般論ではなく、

「今のこの子が受験会場に行ったらどうなりそうか？」を予想することなのです。

不安で、自信をなくして、気持ちが焦っていて、みんなより遅れている。

そんなコンディションの人にとって、模試を受けることや、入試会場に行くことはかなりのストレスになります。

そして言ってはいけないのは「そんなこと言ってたら来年どうするの!?」という言葉。

「あなたはダメな人だから受験なんてできない、勉強もできない」と言われているように感じます。これでさらに元気がなくなって行動できなくなってしまいます。

そうではなく、

「今は調子が悪いから無理して行かないほうが良いんじゃない？」という声かけが気持ちを楽にしてあげられます。

電話と家庭訪問

しばらく学校に行けていないと、担任の先生は電話をかけてこられます。

「どうされてますか？」「ご本人とお話したいのですが」と言われたときに、先生から電話よ、と言っても出たがらない人のほうが多いものです。

なぜでしょうか。

要因は様々ですが、可能性としては、

◇やるべきことをやれない情けない奴と思われているのではないか。そんなふうに思われていたらやり取りするのは恥ずかしい。

◇進路、進級、テストを受けるなど今後のことを聞かれるのではないか。そういう話をされても答えようがないし…。

◇学校や将来のことを考えるとどんどん落ち込む。なるべく考えたくない。でも先生と話すと現実に引き戻されて…。

などが考えられます。

家庭訪問もまったく同様です。教員たちも気を遣って「学校においで」とか「テストを受けないと卒業できない」などの言葉は思っていても口にせず、「顔を見られて嬉しい」「元気そうで安心した」「無理しなくていいよ」などの言葉や、スポーツの話題などを努めて話してくれるとしても……、「担任と学年主任がわざわざ家に来るということは……」

言いたいことは「学校に来い」であろうと考えてしまうわけです。

これが、何度か話を聞いてもらって気持ちが楽になったことがある養護教諭とスクールカウンセラーが2人で来るとしたら、「文脈」が変わり感じ方も違うかもしれません。

でも、繰り返しますが、人（その人の状況）によります。個別の状況で語らないと意味がありません。

保護者様が心がけることは、電話されても、訪問されても、本人がイヤがるときに無理に会わせようとしないことです。不安だ、嫌だ、という気持ちになったことを無理やりやらされても、良い変化は起きないもの。

「先生に申し訳ない」「社会的に失礼」などと考えると「電話に出なさい！」などと言ってしまいます。

「社会常識」を考えることより「お子様にストレスをかけないこと」を優先すること、が大切なことなのです。

診断書があれば留年を先延ばしできる。精神科に行くよう言われた

全日制高校の場合は一般的に、出席しなければならない日数のうち5分の1を欠席すると、進級、卒業できないルールがあります。

しかし、医師の診断書を提出すればそれが3分の1まで「増やしてもらえる」ケースが多いので「診断してもらったらどうですか？」と学校から提案されるとよく聞きます。

さてどうしましょうか。

・精神科、心療内科を受診するということへの心理的抵抗感。
・自分は○○という心の病気だ、と突きつけられることへの不安感。
・また稀ですが「進級できないことを確定されたほうが楽になるのに苦しみを先延ばしされる」ということがとても辛いと思われるケースもあります。

お子様の気持ちはどういう部分にフォーカスされているのか。どこに抵抗を感じるのかを考えることがとても大切です。

模試でも、練習の受験でも、家庭訪問でも、診断書提出でも、一般論としてどれが正しい選択かと決まっているのではありません。ご本人の気持ちが楽になって元気が上昇することが「良い選択」になるのです。

したがって親と教員とで「こうしたほうが良い」などと考えてはいけません。

毎朝の電話がストレス

私は保護者様のカウンセリングを20年以上毎年１００件程度させていただきますが、毎日、「今日も休みます」という電話を親が学校にかけることがストレスだとおっしゃる保護者様がたくさんいらっしゃいます。たしかに大変だと思います。電話を受けた教員も、事務的に流すのは申し訳ないと思われるのか、「今日はどうですか？」などと尋ねられるのでそれに対する対応に疲弊されるわけです。

（※教育関係の方も読んでいただいてると思います。そこ、考慮してあげてくださいね）

先生たちも「放っておいてはいけない」「関心がないと思われてはいけない」「電話したり、訪問したりして働きかけをするのが仕事だ」と思われています。だからお互いに頑張っていらっしゃるし、お互いに大変なわけです。

私のところに保護者様が相談に来られているケースでは、

「不登校専門のカウンセラーに相談しながら子どもに対応しています」

「学校には行かないほうが良い、という方針で元気の回復を目指すことにしました」

「行けそうになったらこちらから連絡します」と学校にお伝えすることで毎日の電話をやめて「行けるときに電話」に変えていただくことができたケースもあります。

（神戸セミナーに相談しているなら安心と思っていただく要因もありますが）。

「専門家に相談しながらうまくやっている。保護者は困っていない」と言うと学校さんは安心されることが多いものです。

スクールカウンセラーの面談に行きたがらない

不登校の状態になると学校はいろいろ「アドバイス」をしてこられます。

まずは「スクールカウンセラーに相談しては」と言われることが多いですね。でもご本人は行きたがらないことがほとんど。行きたがらない要因はつぎのような可能性があります。

・初対面の大人に自分のことを聞かれても話せない、話したくない。
・大人と1対1で面談して今まで嫌な経験しかしていない。
・「カウンセリング」は心の病気の人が受けるもの。自分はそうじゃない。
・カウンセリングを受けるなんて「残念な人」だ。周りからそう思われたくない。
・学校の敷地に行くことがストレスだ。気が進まないことをするために学校へ行くのは嫌だ。

実際にはカウンセリングは「心の病気の人が受ける」「残念な人が受ける」というわけではありません。そもそも「心の病気」は恥ずかしいこと、残念なことではありません。しかしご本人がそんなふうに思われていることがしばしばあります。このような要因を探ること自体には意味がありません。また保護者様がこれを読んで「こう思ってるの？　そんなことないよ」と言われるのは避けたほうが良いです（だから言わないでくださいね）。

こう思うのは「仕方ないこと」なのです。そもそもカウンセリングを受けたからといって状況が劇的に変わるものではありません（中高生の不登校ケースの経験が豊富で腕の良いブリーフサイコセラピーの専門家であれば、稀に起こりますが）。カウンセリングに限らず、本人が望まないことを無理にさせても「良いこと」は起きません。積極的な反応がなければ行かせようとするのはすぐにやめましょう。

その場合、「保護者さんだけでもどうですか？」と言われることもあります。受けに行こうと思われたら保護者様だけで受けてみましょう。

カウンセラーの立場の違い

保護者様がカウンセリングに行くと、事情を丁寧に聞いてくださり、保護者様の気苦労をねぎらってくださるでしょう。ぜひご自身の愚痴やストレスについて語りましょう。

ただ、カウンセラーには「心の分析、深層心理を扱う立場」と「環境や家庭での会話などの相互作用を重視する立場」とがあります。後者はブリーフサイコセラピーと呼ばれることがあります。私が学んでいるのはこの立場であり、本書の内容はこちらに寄っています。

心の分析をメインとされる立場のカウンセラーは、「親の子どもに対する関わり方」を専門的に扱われていないことが多いので、そのつもりで面談を受けられたら良いかと思います。

「本人の希望」という罠

「本人はみんなと一緒に卒業したいと希望している。そのためには診断書を出したほうが良い」

「本人が公立全日制高校に行きたがっている。すると内申点のためにテストを休まないほうが良い」

このように「本人の希望を叶えさせてあげたい」と考えるのも親心として当然のことです。そして、

「希望を叶えるためにはこうしなければならない」

「希望が叶わないとまた落ち込む」

「思う通りにいかず引きこもったら困る」

と思われるあまり、行動を促す働きかけをされる保護者様はたくさんいらっしゃいます。しかしそういう働きかけはことごとく「裏目」に出てしまうもの。

ではどうすればいいかは第5章でお話しします。

コラム 4
学校の先生は頑張りすぎ!?

「手を抜くとはどうすることかわからない」という生徒さんが少なからずいらっしゃいます。人生で手を抜くことばかり考えていた私にとっては驚きです。

「手を抜く」というのは、やることに優先順位をつけて、大事なことはやるが、大事でないものは「やらない」または「半分でやめる」ということです。企業の経営会議では「やらない決断」が必要です。限られた資金とマンパワーをどこに多く配分するかを検討します。

しかし学校の先生たちや、不登校になる子どもたちは「必要なことはすべてやるべき」と考えがち。

時間と集中力は限りがあります。すべてやろうとしてはいけません。パンクします。心が折れてしまいます。

「無理してやらない」「優先順位をつける」「優先することを考える。大事でないものは手を抜く」と考えると無理せずストレスなく目標を達成できます。

第5章

親にできることは何か

お子様が不登校になられて心配されるのは親として当然のことです。学校に行って欲しい、卒業して欲しい、みんなと楽しく過ごして欲しい、学力を上げて進学して欲しい、そのために登校して学習して欲しい、と希望される方がほとんどだと思います。

そして、何とかしたい、もとに戻って欲しい、私が何とかさせたい、そう思うあまりにいろんな働きかけをしてしまうものです。

学校に行きなさい。

そんなことではろくな大人にならないよ。

いつまでダラダラしているの！　親は先に死ぬのよ！

ゲームばかりしていないで少しは勉強しなさい。

これ以上休んだら高校も留年よ、下の学年の人と一緒になるのよ！

などとつい言いたくなりますよね。

こういう言葉をかけると、拗ねる、言い返してくる、部屋にこもって出て来ない

……、

などが起こりがちです。

大切なことは、

「どうすれば良い変化が起きるのか」

ということに尽きると思います。

学校に通って欲しい。ゲームばかりしないで学習して欲しい。そう思われることは当然なんですけど、ではどのような働きかけをすれば変化するのか。そこが最も大切なところです。

何でもいいから「働きかけ」をすればいいというものではないのです。

今のご本人の状況を読み取って、逆効果になることをできるだけ避けて、プラスの変化が起きるように少しずつ継続することが必要なのです。

ここで「良い変化」「プラスの変化」とはどういうことなのかを意識されること、自覚されることがとてもとても大切になります。

「朝起きること」

「しんどそうにして学校に行くこと」

「フラフラになって定期テストを受けに行くこと」

など「少しでも行動すること」を「良い変化」と思われると、無理やり行動させる働きかけをしてしまいがちです。

第3章を思い出してください。

ストレスを抱えながら、無理に行動すると「マイナスの経験」となりその行動は継続しないいし、「2度とやりたくない」という印象を持ってしまうものなのです。

①家庭の笑顔を増やし本人を元気にする

②焦らず心の余裕を持たせる
③親に愚痴を言える関係になる

この3つを目指すことが私のオススメです。そうなることが「良い変化」だと思っていただくと長期的にはうまくいくことが多いのです。

相手のニーズに合わせて話をする

私がビジネスマンから神戸セミナーに転職したのは1991年9月です。31歳のときでした。

当時の神戸セミナーは普通の一般的な予備校でした。秋頃から「受験校面談」を行います。どの大学を受験するかの希望を聞いて、模擬試験などの学力のデータを出して、「この成績では厳しいぞ」「もっともっと勉強しないと無理だぞ」「本気で行く気はあるのか」「苦手科目にもっと力を入れろ」

当時、私も含めて教員たちがこういう「面談」を行っていました。そして多くの生徒達は悲しそうな顔をして下を向いてため息をついて帰って行きました。

一部の生徒は「わかりました！　頑張ります！」と晴れやかな顔をして帰ります。

この生徒は、この後、学習量が増えるのか、増えない（むしろ拗ねてしなくなる）のかが表情や雰囲気でわかります。

この反応の差は何なのでしょうか。

それは「その生徒の今のニーズに合った面談をしているか、ピント外れの面談をしているかの差」だと思いました。

私達の当時の面談は、

「全国模試で偏差値60近くの学力があり、学習はやろうと思えばストレスなく進めることができる順調な生徒」であれば効果のある有意義な面談でした。

そういう生徒には「もっと英語の長文に時間を使おう」「そろそろこの大学の過去問をやろう」「志望校に合格できそうだが念のためのこの大学も受けてはどうか、入試の練習にもなるぞ」などのアドバイスは有効であり、生徒もなるほどと受け入れてくれます。

しかし……、

学習がはかどっていない。やるべきだ、やらなければならない、と気持ちでは思っているが、やろうとしても集中できずついついゲームをしてしまう生徒に「もっと勉強しろ」「このままでは受かるわけないぞ」という言葉は不快になるだけで、その生徒にとって何の役にも立ちません。

私は東京のビジネス街で金融機関の営業をしていました。社員さんの口座を作っていただく。クレジットカードを作っていただく。設備投資のための長期資金を借りていただく。事業承継やＭ＆Ａの提案をする、など個人の細かいものから法人の大きな取引まで営業する業務は多岐にわたります。

交渉する相手は、大手企業さんか、中堅企業さんか、先方の実権者は実は専務である社長の奥様…など様々です。大手企業で社員さんの口座やクレジットカードのことであれば総務部長か人事部長。資金繰りや融資の話は経理部長。中堅企業さんだと直接社長さんにお話しすることもあります。

そして先方のお立場も様々です。個人差はありますが、例えばの話をすると、

◇上場企業の社員さん＝優秀なサラリーマンさんで数字のことは詳しい。

⇓会社にいかにメリットがあるかという説明を会議や上司にできるよう資料を準備。

◇高卒の創業社長さん＝数字はよくわかってないが、個人的に気に入られて信用されると取引してもらえる。

⇓数字よりも御社の理念や社長の人柄が素晴らしいですね。御社の方針にはこれが必要です、と納得していただく。

このように先方は何に関心があるか。どんな知識があるか。どういう情報を喜んでいただけるかについては、お立場やキャリア、人柄などによって異なります。

民間企業の営業では、お客様の関心があること、価値観、組織での立場などを聞き取った上でそれらに合わせた営業を行います。

お客様によって準備する資料や話し方は変えていくものです。そうすることで相

手も喜んでいただき営業がうまくいきます。

6年間、企業の営業をやってきてそれなりの実績も上げていました。しかし「教育」というフィールドに来たらすっかり忘れていました。

「学校の受験校面談はこういうやり方をするものだ」と思い込んでいたんでしょうね。

「順調な生徒にしか効果がない面談を、順調でない生徒にも同じようにやってはいけない」ということに気づきました。

学習が順調に進んでいて元気で成績上位の受験生への面談と、元気がなくストレスを抱えていて成績が下位の生徒への面談が同じではダメなのです。

実際、私が来てまもなくの面談は「ワンパターン」であり、生徒の状況に合わせてテーマを変えることはできていませんでした。

いや、そもそもそういう発想がなかったのです。

学力が低くて学習できていない生徒には「やらないと合格できない」ということが「正しい仕事である」と思い込んでいたのでしょう。

そして拗ねたり、登校しなくなったら「あの生徒はダメだ」と思ってしまうこともありました。

普通のビジネスで、お客さんのニーズとずれている下手くそな営業をしておいて、売れなかったらお客さんのせいにするようなものですね。

「あのお客さんはだめですね。私が良い営業をしているのに買ってくれないんですよ」

そんなことを言ったら上司に怒られるだけです。

民間企業の営業も
学校教員の面談も
親が子どもにどういう声をかけるかも
相手に関心があることを察して「ニーズに合った話」をすれば聞いてもらえるし

良い変化が起きます。しかし「これが正しいに決まっている」と決めつけて、良い変化が起きないのはあっちのせいだ、と考えていては永遠に良い変化は起きません。ではご家庭では、どのような関わりをすれば良いのか。どんな声をかければ良いのか。

方法や考え方の原則を紹介していきます。

【対応の原則①】良いことは続ける／良くないことは続けない

当たり前ではありますが、言い争いになったり凄く嫌そうな反応をするときは、そのテーマでの会話はやめましょう。

食事は何を食べたい、あのドラマが面白い、タイガースが負けた、バファローズが勝ったなど、日常の会話は普通にするが、「いつから学校に行くのか」「少しは勉強しろ」「進路について考えているのか」などいわゆる「将来の大事な話」をすると、「うるさい！」「わかってる！」「今は言わないで」とイライラする、部屋にこもる、などはよくあることです。

「将来のことを考える」⇐
「学校に行くべきと思う」⇐
「でも行けない」⇐
「情けないと感じて落ち込む」⇐
「気を紛らわせようとゲームをする」⇐
「こんなことではダメだと罪悪感を持つ」⇐
「ゲームをやめる」⇐

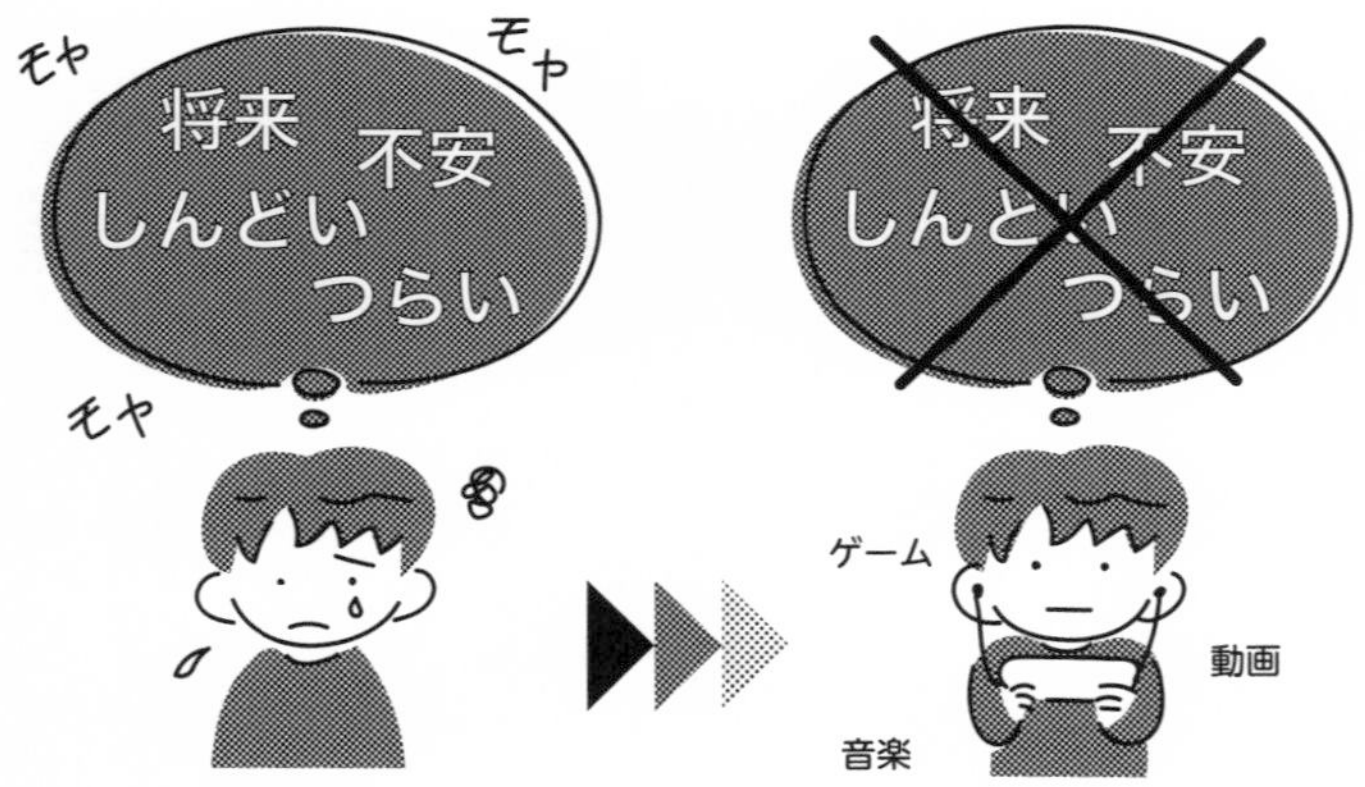

「これからどうなるのかと考える」
⇐
「先が見えないと思って落ち込む」
⇐
「またゲームをする」
⇐
「進路、将来のことを考えないようにする」

不登校の状況が数か月続くと、こういうパターンに陥るケースは多いものです。落ち込んで辛くなってしまうため将来のことを考えないようにするわけです。そう「一般用語」だと「現実から逃避」ということができます。でも私は「上手に開き直る」という表現を使っています。

【対応の原則②】「敵」ではなく「味方」と思ってもらう

人は誰でも自分を否定する人、顔を見たら嫌な言葉を投げかける人は避けたいと思うもの。自分にできないことを「やらないとだめだ」と言われるととても不快に感じてしまうものです。

もし親に言われる言葉がいつも不快だと感じていたら話したくなくなり避けるようになっていきます。

そうではなく「自分が行きたくても行けない状況を理解してくれている」「辛いことを無理にしなくてもいいと言ってくれて安心した」と感じると、

「理解して助けてくれる親」
「辛いことを話しやすい親」

と思うようになり、味方だと認識します。

「敵」などという失礼な表現をお許しください。

我が子を「敵」と思って攻撃する保護者さんはいません。みんな我が子が元気に学校に行って欲しい、将来幸せになって欲しいと願っておられることは私も認識しています。しかし「よかれ」と思って言っていることが、ご本人にとっては「辛くて大きなストレス」となってしまい、残念ながら「親との関わりは嫌だ」と感じてしまうことが大変多いのです。この状況を「親は敵だ」と感じてしまうと表現しています。

【対応の原則③】「上手に愚痴を聞いてあげる」

私は京都市左京区（郊外）と東京の日本橋（ビジネス街）で銀行員をしていました。東京では仕事帰りに、日本橋か神田辺りの居酒屋、焼き鳥屋さんで気の合う同僚たちとしょっちゅう飲みに行っていました。そういうときの話題の8割は「仕事の愚痴」でした。

溜まったストレスは吐き出したほうが良いもの。

「上司の指示がころころ変わる」「あのお客さんはわがままだ」「こんなノルマやってられん」などなど愚痴のネタは尽きません。

職場を離れて、少し緊張がほぐれて、上司もお客さんもいなくて、気を許せる同僚だから愚痴が言えるわけです。

これって本気で文句を言っているわけでも、会社を今すぐ辞めるつもりでもなく、明日もきちんと仕事をするつもりですよ。

でも言いたいんです。

「上手な愚痴の聞き方」とは?

どんどん話をさせてあげることです。

否定せず、そうかそうかと聞いてあげること

です。

それは大変だね。でもそんな環境で頑張ってるね、と言ってあげることです。

スナックのママさんも、居酒屋の店長さんも、お客さんが仕事の愚痴を話したときにはこういう対応をされます。

決して「そんなこと言わず、ちゃんと仕事しなさいよ」などとは言いません。それは「職場で正しいとされている理屈」ではありますが、「飲み屋では不適切な発言」です。そんなこと言ったらお客さんが2度と来なくなりますよ。

仕事で疲れて帰宅したら（仮に夫が働いてるとして）、妻から「あなた、もっと頑張って働いて昇級してね」と言われたら帰りたくなくなりますよ。

家に「職場の上司」がいてはいけません。

家に「学校の先生」がいてはいけません。休むところがなくなりますよね。

家庭は「職場」ではなく「飲み屋」の文化であるべきです。まあ流石に家で仕事の愚痴は言いにくいので、世のサラリーマンは途中で愚痴を言って帰るわけですね。保護者さんに愚痴が言えるということは安心感があるから。

もし愚痴を言うと「文句ばっかり言わないでもっと勉強しなさい」と言われると思ったら言わなくなります。友人で愚痴を聞いてくれる言いやすい人がいれば少し安心。またスキルの高いカウンセラーと出会っていてそこでは思ったことが話せていたら安心。でも誰にも話せず「誰もわかってくれない」「周りはみんな敵だ」と感じておられるのが最も心配です。

愚痴を言ってきたらぜひ喜んでください。そして学校の先生が言いそうなことは言わずひたすら聞いてあげてください。とてもとても良いことなんです。

上手に愚痴を聞くために

多くの保護者さんはお子さんが愚痴を言うとそれを聞いて「解決してあげよう」と思いがち。

数学がわからない ⇓「家庭教師をつけようか？」
友達がいない ⇓「自分から話しかけたら？」
課題が多すぎてやる気がしない ⇓「一緒に課題をやろうか？」
学校が遠くて辛い ⇓「車で送ろうか？」
先生に嫌なことを言われた ⇓「学校に電話しようか？」

もちろん、ご本人がそう言うと笑顔になって「問題」が解決して元気になればOKです。上手くいっていることは続けましょう。でも必ずしもそうはいかないもの。

なぜでしょう。

それは「愚痴」だからです。

「困りごとを解決したいから相談する」ということと愚痴を聞いてもらうこととは別です。サラリーマンは居酒屋の店長に仕事の相談をしているわけではありません。

大切なのは**「愚痴を聞いてもらえる場所と人がいる」**ということなのです。

ではサラリーマンの愚痴を聞いた居酒屋の店長やスナックのママはどう思って聞いているのでしょうか。

はっきり申し上げて細かい内容は聞いていらっしゃらない、というか聞き流されているもの。「聞く姿勢」は保ち続けながらも内容はそれほど聞いていないでしょう。だって解決しようがないわけですから。具体的に状況を深く聞こうと質問することもありません。お客さんが言いたい範囲のみを聞く。そして「なるほど」「それはイヤですね」など気持ちに共感するお返事をされます。そして「ママだけや、わかってくれるのは」とご機嫌になられて翌日また会社で頑張れるわけです。

内容をまともに聞いて「解決しよう」と考えない。聞いて「辛いね」「困ったね」という返事に徹すること。

これが上手に愚痴を聞く秘訣です。

【対応の原則④】保護者様自身がストレスを溜めないよう工夫する

しかし、「上手に聞き流しながら解決しようと考えず共感する」って簡単なことではありません。プロカウンセラーでもできていない人がいます。

一般的には営業職をされている方は比較的得意（適性がある）と思います。しかし教育系と医療系のお仕事などは「問題を解決させてあげる仕事」をされているので理屈は理解しても難しいと感じられることが多いです。

不得意な方はしんどい話を聞くと、ご自身も引きずられて辛くなるケースもよく聞きます。その場合は保護者様自身がまた別の人に愚痴を聞いてもらいましょう。学校のスクールカウンセラーを本人が拒否しても、保護者さん自身が愚痴を言いに行くのもありです。（カウンセラーによっては生徒以外の面談を入れたがらない人もいます。そういう場合は神戸セミナーでオンライン面談も可能です）
愚痴を聞いてもらえるお友達や、配偶者さんがいらっしゃる場合は遠慮せず助けてもらいましょう。
家庭の笑顔を増やすためにはまず保護者様自身のストレスを下げることが大切です。保護者様に心の余裕がないとお子様への適切な関わりが難しいもの。ずっと子どもの心配をするのではなく、気分転換や自分の趣味に没頭する時間

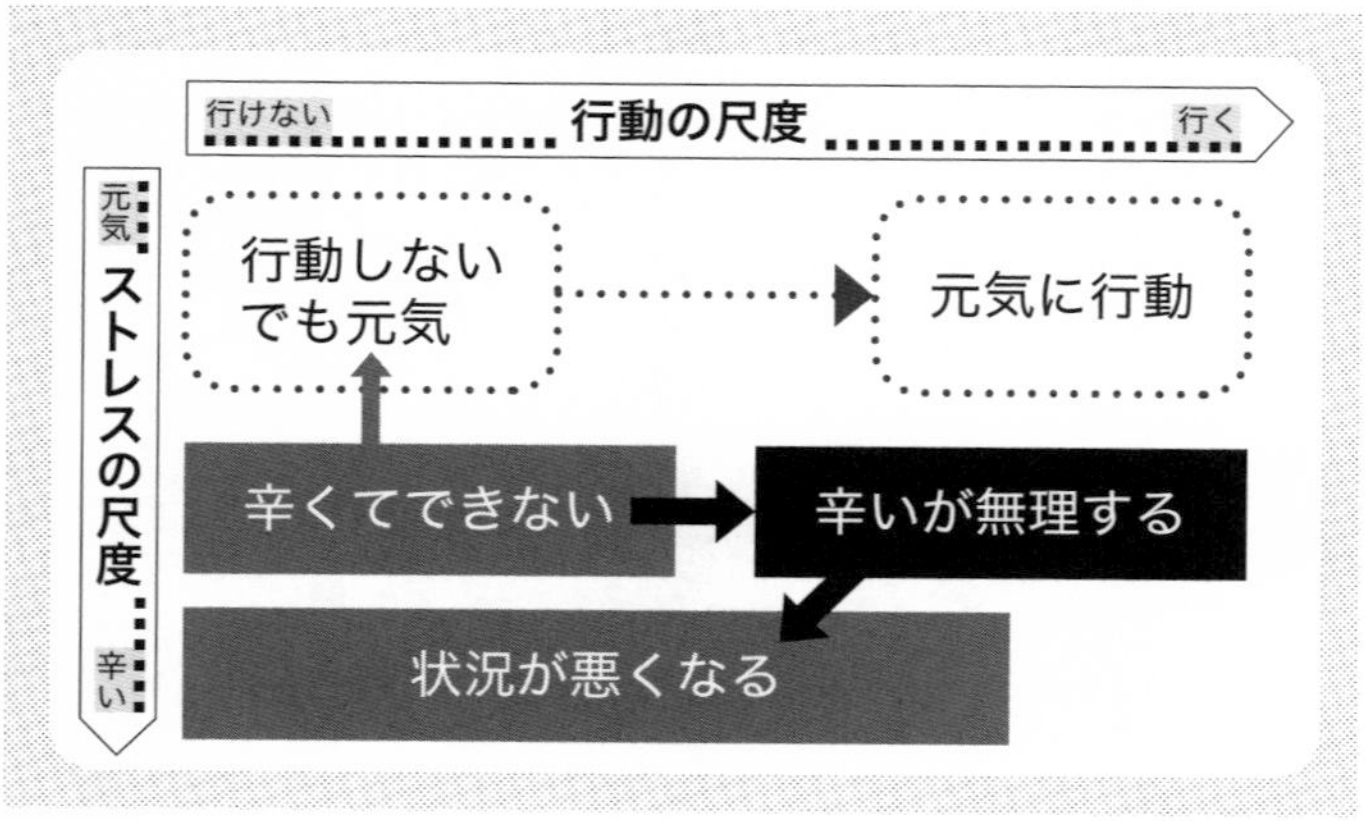

はとても大切です。お子様のゲームと同じことが言えます。決して罪悪感を持たずに「自分が楽しむこと」は家族にとって必要で大切なことだと思ってください。

【対応の原則⑤】
「行動すること」よりも「ストレス＝どんな気持ちか」の話をする

保護者様が、「短期的な解決を意識してしまい、目先の行動を重視しすぎてしまう」ことがよくあります。

右ページの図の縦軸はストレスが高いか低いか。

横軸は行動するか、しないかを表しています。

不登校とはたいていこの図の左下の状態です。つまり「ストレスが高くて行動できない」ということ。

そして目指すのは右上です。つまり「ストレスなく行動できること」ですね。

焦って行動させようとすると、左下から右下への移動になります。

「辛いけど無理やり行動させる」ですね。右下に行くとどうなるでしょうか。

・ストレスがさらに高まりもっと辛くなる。
・辛いことは続かないので1日で終わる。
・行動のあと元気がなくなる。
・マイナスの経験になったため、その後は続かなくなる。
・その行動をさせた親を「敵だ」と感じてしまう。

右下に行くと「良いこと」どころか「良くないこと」だらけになります。

いきなり右上に行くのは難しいので、まずは左上を目指すのが私のオススメです。

言い換えると「行動をさせようとしない。ストレスを下げること、元気を回復するだけに専念する」ということです。


でもこれが難しいんですよね。

なぜか？

それは「世間一般用語」を使用すると、

「好き勝手させる」「わがままやりたい放題」「甘やかす」

などのWｏｒｄが頭に浮かぶから。

「不登校は親が甘やかすからだ」

みたいなことを言う人がたまにいますよね。不登校の子どもへの関わりは必ず、経験とノウハウと実績のある専門家に相談しながら行いましょう。

ネット情報や、「ある一人の経験」を真似することはとても危険です。

左上とは「元気だがまだ行動しない」という状態です。まずこの状態で安定することが大切なんです。今日は元気そうだと感じても、翌日の朝はしんどそうになっているかもしれません。不登校の人の精神状態ってコロコロ変わるものですから。友達のSNSを見た、ネットでこう書いてあった、親にこんな言葉を言われた、などですぐ変化します。

【対応の原則⑥】行動するのは「リハビリ」と考え慎重に

私が不登校や、元気をなくした人に必ずお願いするのは「心機一転頑張る」はやめてね、です。

骨折が「治った」というのはどういう状況かというと、通常通りの運動ができることです。骨がつながってギプスが取れてもそれは「治った」とは言いません。そこからゆっくり歩く練習を行い、筋力の回復を行います。

そう、それをリハビリと呼びます。また怪我しないように慎重に行います。

学校に行くのも学習するのも「0からいきなり100」をやろうとするから続かないし、また「怪我」をするんです。骨折のリハビリは理学療法士、作業療法士といった専門家の指導のもとで慎重に行うものです。不登校からの回復も「専門家の指導のもとでリハビリとして慎重に行う」と考えることが重要です。

※一般的な中学、高校、学習塾ではこういう考え方をされていないので残念ながら難しいのが現実です。

リハビリにおいては大切なことがいくつかあります。
◇痛みがあったらすぐやめる。
歩行の練習をしたが痛くなった。⇓すぐに中断しましょう。
◇焦らない（計画を立てない）。
「いつまでに回復したい」と希望することはあるでしょうが、骨がどうつながるか、筋力がどこまで回復するかはやってみないとわかりません。また再発しないよう、怪我しないように様子を見ながら慎重に進めることが大切です。
◇他者と比べない
身体の怪我ならば、怪我の程度や場所によってリハビリメニューは異なります。また、スポーツ選手か事務職なのかによって、回復の目指し方も異なります。考え方や方針の原則はあります。しかしメニューについては「個別」になります。しかもやりながら調整が必要です。

不登校からの回復を「入院」⇓「リハビリ」と考えていただくといろんなことが

うまくいきます。

わかりやすくお伝えするために「身体の怪我、病気」に例えましたが、不登校が「心の病気」だと言うわけではありません。「調子を崩している」という表現で意識してください。「休養」と「少しずつ行動を増やす（リハビリ）」で回復するケースがたくさんあります。

なお「入院」とは比喩であって精神科病院への入院ではありません。学校へ行かず家庭でゆっくりして心を癒やすことだと思ってください。

ポイント

△約束をしない、計画を立てない
△「その通りにならない」と予測をしておく

コラム 5
無理をすると続かない

神戸セミナーの方針の１番目は「無理をしない」です。

面談では「今、できそうなことをしよう」「今はできそうにないことを無理にするのはやめよう」と生徒さんにお話しします。

ここでの「できそう」「できそうにない」は本人にしかわかりません。

それは心の中の問題だからです。例えば「また嫌なことが起きるのではないか」と感じることを人はやりたいと思いません。言い換えると「イメージが良くない」なのです。

嫌なことを無理にするとますますイメージが悪化して２度とやりたくなくなります。

逆に、スイスイできることを続けると気分が良くなってもっとできそうな気になります。

保護者様が「何度約束しても守れない」「何回言ってもちゃんとやらない」などと感じられるときは「できないことを無理やりやらせようとしているのかなぁ」と思っていただくと状況が変わると思います。

第6章

不登校からの回復の道すじ

最後の章ではこれまでのまとめとして、どのように変化を起こしていけばいいかを整理したいと思います。

第4章で述べた通り、不登校の状況はそれぞれの家庭で異なるので一般論で語ることは適切ではありません。「マニュアル」「取説」があるわけではありません。個々の状況を踏まえた上での対応が基本です。

しかし「良い変化が起きる道筋」をイメージしていただくためにある程度のパターンを紹介させていただきます。

〈心のリハビリだと考える〉

体調を崩した場合、今までできていた通常業務ができないことが多いと述べました。

身体の病気や怪我と同様に考えます。

①調子を崩したら休養に徹して回復を目指す

②ある程度回復したらリハビリを行う／無理しない、焦らない、計画を立てない
③慎重に様子を見ながらペースを上げて「通常運転」に戻していく

②、③については専門家の指導、助言に基づいたほうが安心です。学習や学校での活動を「リハビリ」と見なして行うことは一般的な学校や塾では難しいと思います。全教員がカウンセリングの考え方を身につけて、学習指導も慎重に行うところがあればいいのですが。

リハビリを行うときに、焦ってはいけません。また怪我をします。痛みはないか、無理をしていないかを確認しながら少しずつ進めていきましょう。

援助する人（親と教員など）は焦らせる言葉かけ（アクセル）ではなく、無理をさせないこと、また怪我をしないことを考えた声かけ（ブレーキ）を意識しましょう。怪我が回復していないのに「遅れを取り戻す」「心機一転頑張る」などと思うのが良くないのです。

回復してから全力疾走すれば良いのです。それまではとにかく無理せず慎重にが大切です。

【良い変化とは何か】

今までに述べたことを簡潔に整理します。まず何を目指せばいいかを3つ確認します。

①「元気度」

不安で辛い状態から、明るく元気な状態へ変化させることです。笑顔と元気の回復がまず何よりも大切です。生きていく上でこれを最優先だと考えましょう。

そのためには「やるべきこと」「みんなが普通にやっていること」「社会常識」

などを一旦無視して「どうすれば元気が回復するか」のみに専念しましょう。元気が回復してから「やるべきこと」をリハビリしながらやれば良いのです。「今元気がなくてできない」状態のときに、やろうとしてはいけません。どんどん落ち込んでしまいます。

②「快適度」

ある行動が「うまくいかない嫌なこと」と感じているか、「やると良いことが起きる」と感じているかという違いです。これは過去の経験によって変化していきます。

「学校に行く」「学習する」「テストを受ける」「友人と遊ぶ」「クラブ活動」などで嫌な経験を繰り返したら「また嫌なことが起こるのでは」と思ってしまいます。これを私は「快適度が低い」と呼んでいます。

例えば英語の学習だと「授業で嫌な目にあった」「覚えたつもりが答えられなかった」「辛い思いをしてやってみたが成績が上がらない」などを経験する

と「英語の学習は嫌なもの」と感じてしまいます。「英語と聞いただけで嫌な気分になってため息が出る」という状態は「快適度ゼロ」ということになります。この状態で英語の学習ができるわけがありません。

快適度を上昇するためには「プラスの経験」をしてもらうことです。

神戸セミナーでは快適度を上昇させるために

◇レベルを今の本人の状態に合わせて

◇量を少なくして

◇「無理してやらなくてもいいよ」と伝えて

◇良い結果が出るように1対1で技術指導をしながら

◇少しの変化があったら「あ、スゴい！　苦手な科目が進んできたね」と表現し

本人の英語に対するマイナスイメージを、「プラスに上書き」することを目指します。

人間関係や行事への参加、面談に来るなども同じように「やってみると良いことが起きた」と感じていただくように慎重にやっていきます。

③「関係性」

自分の辛さ、しんどさ、やりたくてもできない状況などについて、話せる人がいることは「良いこと」です。

安心できるプロのカウンセラーや心療内科などのドクターに定期的に通えている。その人なら何でも話すことができるのなら安心です。

同世代の友達に話せている人もいます。ただ同世代の友人は専門家ではないので、そのほうがしんどくなる、疲れて関係を絶たれるなどのリスクがあります。

できれば同居の保護者さんが「愚痴を言えてわかってくれる存在」になることが望ましいのです。

ではこういう考え方を念頭に具合的なステップをお示しします。

ステップ1
元気度上昇のためには「行動」の話をしない

行動よりストレスを下げることを優先させて家庭の笑顔を復活させることを目指します。元気度が回復するまでは「行動」はしばらくなしにします。回復が最優先です。

そして、本人が辛いけど頑張って行動しようとする場合は無理するな、今は休むときだと声をかけましょう。ブレーキ言葉です。肉離れが治っていない人が走ろうとした場合はやめさせるべきですよね。行動しようとする場合は「無理していないか」を常に意識しましょう。

良い変化の例

応用3	親が「結果」をすべて受け入れる
応用2	リハビリ<焦らず慎重に>
応用1	目指すことと方法論を一緒に考える
ステップ3	困りごとの共有
ステップ2	関係性<親は味方>
ステップ1	元気度<家庭の笑顔>

神戸セミナー®

ステップ2　「親は味方だ」と思ってもらう

サッカーでもラグビーでも、チームの中で仲間割れをしていては試合に勝てません。親と子どもがチームとなって協力関係を築くことが必要です。親は自分の辛さを理解してくれている。思っていることを話したら責めないで聞いてくれる、と感じてもらうことを目指しましょう。「行動」ではなく「気持ち」の話に徹するとそういう関係が築けるようになっていきます。

ステップ3　困りごとの共有

愚痴が言えて思っていることを話してくれる関係になったら「やりたいけど行動できない」などの困りごとを親子で共有できるようになります。

「本当は医学部に行きたい、でも勉強する気にならない」と言ったときに、「そんなこと言っていたら医学部なんて行けるわけないわよ」

と言うのは「否定の言葉」になります。

「そうなんだ。医学部行きたいんだ」「でも勉強は快適じゃないよね」「それは困ったね」と言うのが、「理解の言葉」「味方の言葉」になります。

★ステップ3までできればもう「解決」したとも言えます★

応用1　「目指すこと」と「方法論」を一緒に考える

ステップ2と3ができれば自然とできるようになるのですが、何をすればいいかを相談したり情報収集をしながら一緒に考えていきます。

多くのご家庭では、ステップ1、2、3をすっ飛ばしていきなり「病院に行こう」「カウンセリングを受けなさい」と保護者さんが「指示」してしまい、本人が拒否するというパターンが見られます。

例えば「しんどいと言うなら病院に行こう。明後日の休みの日に連れて行ってやる」「精神科で診断してもらって病名がつけば欠席日数を延ばしてもらえるから行くぞ」「電車がつらいのなら車で送ってあげるよ」などは困りごとを共有した上で、本人が何を希望しているかを確認し、「じゃあそうしてもらうと助かる」という話をしてから出ないとうまくいきません。

応用2　行動をする場合は「リハビリ」として慎重に行う

家族と困りごとを共有できていれば「外出のリハビリ」は可能です。「電車には乗れないが車なら外出できる」「平日の外出は無理だが夜ならできる」などを共有して少しずつ慣れていきましょう。

身体のリハビリは専門家がいて設備のある医療機関に行きます。「授業に出る」「学習する」のリハビリも専門家がいる機関に行くのが望ましいです。「不登校だから通信制高校に行きますか」と中学や高校の教員から言われるケースが多いのですが、通信制高校と言っても心理カウンセラーの専門家集団ではなく、「高等学校」ですので必ずしもリハビリとしての対応はできません。

学校全体がそういう考え方で対応するところを探すのがお勧めです。

応用3 「結果」が良くない場合に誰かのせいにせず受け入れる

「自分で通信制高校に行くと言ったのにまた続かない」という場合に、本人を責めてしまう気持ちを持ってしまうものです。そうならないように心の準備（訓練）をするのがお勧めです。

お子様に対して

行動を期待しない

⇒目先の行動よりも「元気度」「快適度」「考えて納得」

期日を区切らない

⇒変化のペースには個人差があります。

ご本人を信頼する

⇒目に見えるのは行動だけ。考えて工夫するは見えません。

時期が早かったのか、その学校と合わなかったのか、作戦ミスだと思いましょう。
すべての結果は「仕方がない」なのです。

コラム 6
「幸せな大人」になるために

高校を卒業する。偏差値の高い大学に行く。収入が安定する。有名大手企業に就職する。

などなど、お子さんに将来こうなって欲しい、それが本人のためだ、と親は考えるものですよね。

しかし大学の偏差値や、年収が幸せかどうかに直結するものではないと私たちは経験上知っています。

そこで私が考えるのは「やりたいことができること」「選択肢が多いこと」これが幸せというか、満足感に繋がるのかなということです。

「やろうと思えばできること」が多いと選択肢が広がります。そしてそこから自己決定ができる。この「自分で選べる」が幸せなんだろうなと考えて生徒さんと保護者さんに日々接しております。

Q & A

保護者の方からの個別相談などでよくお尋ねになることを「対応の仕方」「進学先など」「家族関係」に分けてQ＆Aとしてまとめてみました。

【対応編】

Q1

「明日は学校に行くから朝、起こして」と言ったのに、起こそうとしたら逆ギレして文句を言う。どうしたら良いかわかりません。

A1

それはお困りのこととお察しします。不登校の人とは「約束」をしないようにする必要があります。「行くから起こして」と言うのは「気持ち」を話されているだけなので実際には行くのは無理だろうと思いましょう。いざ行くとなると不安になって行けないものなのです。そう意識してください。そして本気で起こしてはいけません。「時間だけどどうする？」「行けそう？」くらいの声かけをしましょう。

Q2

登校や勉強しろとは言わないようにしているが、入浴や歯磨きもしない。これは注意しても良いでしょうか。

A2

健康面が心配ですから入浴や歯磨きはして欲しいですね。しかし元気度がかなり低いと何をするのも辛くて面倒になるものなんです。「やったほうが良いのはわかるができない」という状況の人が多いもの。その状態で「やりなさい」と言うとストレスが上昇し家庭の雰囲気が悪くなります。

「入りなさい」ではなく「お風呂に入るのもしんどいの？」と気持ちを聞いてあげるようにしましょう。

Q3

おはようと言っても無視をする。食事中もずっとスマホを見ている。人間として当たり前の行動をするように言いたいです。

A3

「親と話をするとしんどくなる」「嫌なことばかり言われる」と感じていると、会話や一切のコミュニケーションを拒否するようになります。この状況で「注意」「指導」をするとさらに関係が悪化します。これを修復するには「注意」「説教」「指示」をやめて元気を回復することに徹することです。

一旦こじれた関係を修復するのは簡単ではありません。時間もかかります。

(保護者様だけで相談に来ていただければお手伝いが可能です)。

【相談機関・進学先編】

Q4

元気を回復するためにはカウンセリングか、クリニックか、どちらが良いのか知りたいです。

A4

まずはカウンセリングに行かれて、心理士からクリニックにも行くほうが良いと言われたら行き先を紹介してもらう順番が良いと思います。もちろん今がどんな状況なのかによります。

Q5

本人がカウンセリングに行かないので親だけで相談に行こうとしたら「本人が来ないと意味がない」と言われました。どうしたら良いでしょうか。

A5

カウンセリングには深層心理と言われる心の中を探る立場と、そうではなく家族などの周りの人の声のかけ方などで変化を起こそうという立場とがあります。

ご本人ではなく、ご家族だけで行かれる場合は「ブリーフサイコセラピー」という後者の立場をメインとしているカウンセラーがお勧めです。

（神戸セミナーにお問い合わせいただければ紹介させていただきます）。

Q6

不登校の子が中学を卒業したら行き先は通信制高校かフリースクールが選択肢になるのでしょうか。

A6

高校には通い方で分けると「全日制高校」「定時制高校」「通信制高校」の3つがあります。定時制には多部制といって「午前」「昼間」「夜間」の3つの時間帯に分かれている高校もあります。「今通えないから通信制高校」と考えるのではなく「元気が回復したらどうしたいか」も考慮したほうが良いでしょう。これら以外にも「高等専修学校」という学校の選択肢もあります。

Q7

高等専修学校を勧められました。高校とは違うのでしょうか。どんな学校ですか。

A7

高等専修学校とは高校に準じる学校です。３年制の場合は多くが大学受験資格も取得できます。高校よりも不登校や発達障碍などの対応に力を入れているところが多いです。学習にはすごく苦手意識があるが、料理、美容、ファッション、農業、などに興味を持たれる場合は適している場合があります。

また高等専修学校神戸セミナーのように大学進学にも対応してくれる学校もあります。

【家族の関係編】

Q8

本人を責めず、無理しなくていいよと対応しています。しかし祖父母や親戚が「甘やかしてはいけない」「親の対応が原因だ」「家の居心地が良すぎるから引きこもるんだ」と責められています。辛いです。

A8

いろいろ相談に行かれ、本を読まれるなど努力して学ばれているのに周りから「親が甘い」と言われるケースもよくあります。

①一緒に学んでもらう／②それが無理なら距離を取るのどちらかになります。「専門家に相談しながら対応している」と言いましょう。

①でいくなら本書を読んでいただくか講演会に誘いましょう。

Q9

両親の間で対応について考え方が違うので困っています。私（母親）はストレスを下げて元気の回復を意識しているのに、父親は「いい加減にしろ！」と怒ってばかりです。

A9

家庭の笑顔を増やすためには家族間の方針の統一が必須です。

そしてどの方針でいくかは専門家の情報に基づいて話をされることが必要です。ブリーフサイコセラピーの立場のカウンセラーに両親で相談に行かれることをお勧めします。

ただお父さんに本を勧めても、講演会に誘っても無視されることも多いもの。「私は学んでわかっている。あなたはわかっていない」という言い方だと拒否されるものです。

作戦としては「一緒に講演を聞きに行って、その考え方を採用するかダメかをあなたが判断して。私はそれに従うから」という言い方だとみなさん、来ていただけます。

Q10

「子どもが不登校なのだから母親は家にいるべきだ」と仕事をやめたほうが良いと言われます。どうすればいいでしょう。

A10

個々のご家庭の状況によります。母が仕事をやめてずっと家にいることで、母子間のストレスが高まるケースもあります。もし関係がギスギスしているなら、専業主婦の場合でもあえて外出を勧めるケースもあります。

「一般論」ではなく、うちの場合はどうなんだろうと考えましょう。

コラム 7

高校に準じる「高等専修学校」という学校

中学を卒業した方の進路には、高校以外に「高等専門学校」と「高等専修学校」とがあります。

高等専門学校とは「高校３年＋短大２年」に相当する５年制の学校です。その多くは機械工学などを専門的に学びます。「ロボットコンテスト」が有名ですね。

それとは別の高等専修学校というのがあり、多くが高校に準じる３年制の学校です。

高校卒業の人が行く専門学校の「中学卒業版」と考えてください。理容美容、調理製菓、和裁洋裁、ファッション、農業など特定の分野を学び将来の仕事に直結させます。大学進学のつもりはないし英数国などの学習はそれほどやりたくない。しかし興味のあることならやってみたい、という人にはとてもお勧めです。

そして高等専修学校の中には特定の職種に絞らず社会で生きていくためのスキルを学ぶことに重点を置く学校もあります。高等専修学校神戸セミナーがそうです。

◇ストレスを溜めないで元気を回復するスキル（レジリエンス）
◇人間関係など集団で上手にやっていくスキル（ソーシャルスキル）
◇情報を鵜呑みにしないで自分に必要なものを選ぶスキル（リテラシー）

などを学び、卒業後に社会で元気に活躍できる技術を身につけることができます。

神戸セミナーでは大学受験の学習も対応できます。

あとがき

人は変化します。

元気な状態から元気がない状態に、そして環境や周りの関わり方によって元気はまた回復していきます。

仕事や学習、スポーツなどにおいても、例え一流の選手でも、

「調子が良い＝快適にできる」

「調子が悪い＝結果が出ない、やる気が出ない」

という状態になることがあります。

私も高校球児の高3の春に5試合ほどヒットが出ないことがありました。そういうときは何をしてもうまくいかないという気持ちになってしまい、打席が回ってくるのも嫌だなあと思うものでした。良いスイングで会心の当たりだ！　と思った打球が、野手の真正面に飛んでショートゴロとなったときの絶望感は45年すぎた今でも覚えています。

でも再び打てるようになります。

人の気持ちは揺れ動きます。

このときに監督は「喜多は大丈夫や」「ヒットが1本出たら調子を戻す」と他の選手につぶやいてくれていました。この言葉にとても救われました。

気分が楽になりヒットが1本出ると「よし！　これで大丈夫！」という気持ちになりました。今思うと暗示を与えられていたということになるのでしょう。

そこから練習試合でも打率4割ほどで打ちまくり、迎えた高3の夏の滋賀大会では18打数10安打、3塁打6本と大活躍ができ優勝に貢献することができました。監督はじめチームメイトの雰囲気や私への接し方に助けられたと思っています。

調子が悪いときにどう声をかけるかはとても重要なのです。

以前はできていた　⇓　今はできていない

という状態の人に「お前が打たないと勝てない」と結果が出ないと困るぞと言った

り、

「もっとバットを短く持て」などと技術的な話をすると、気持ちが焦りますます不安になることがよくあります。

以前できていたことができなくなったら、

「調子を崩したようだ」「焦っているのではないか」「まずは安心させよう」と考えてあげましょう。

「大丈夫だ、何とかなる」「焦らなくて良い」「今は元気がなくなっているだけだ」「親は絶対に守ってやる」

こういった声かけが安心感と心の余裕に繋がり、本来の姿に戻っていくものです。

そのためには信頼することが大切。

例え世界中が敵になっても親は最後まで味方だよ、という姿勢が新たな一歩に繋がると考えています。

本書の執筆に当たりサポートしていただいた学びリンク株式会社様と、様々な経験の知識を与えていただいた神戸セミナーの卒業生および保護者のみな様に感謝します。

そして高校時代の野球部監督の西岡先生はじめ私にきっかけや気づきを与えていただいた幼小中高の先生方、同じく娘の幼小中高の先生方にも感謝申し上げます。

みな様のご家庭に明るい変化が起きますように。

喜多徹人

【著者プロフィール】

喜多　徹人　Kita Tetsuto

学校法人神戸セミナー校長
高等専修学校神戸セミナー校長／カウンセラー

1960年滋賀県生まれ。

滋賀県立膳所高校時代、硬式野球部1番セカンドで夏の甲子園出場。

（県予選での「5試合で3塁打6本」は2022年現在滋賀大会記録）

駿台予備学校で2浪の後、京都大学法学部へ進学。

学生時代は、母校の野球部のコーチ、家庭教師、学習塾の運営と講師を経験。

生徒、保護者、教諭対象の進学講演の講師として年間90回の講演を担当している。趣味は多彩で、混声合唱、クラシック鑑賞、プロ野球観戦、アメフト観戦、テディベア収集など。

日本ブリーフサイコセラピー学会と、日本家族療法学会の年次学術大会の実行委員長を担当。他にも日本心理臨床学会でシンポジウムを企画するなど、さまざまな心理・医療系の学会に参加し発表等を行っている。

主な著書は『あなたの子どもはなぜ勉強しないのかーそのアドバイスが子どもをダメにするー』（学びリンク）、『あなたの子どもはなぜ勉強しないのか PART 2 ー 15歳を過ぎたら犬家族から猫家族へー』（同）、『不登校・ひきこもりに効くブリーフセラピー』（日本評論社）共著、『逆転の家族面接』（同）共著など。

子どもが不登校になったら親はどうすればいいのか

あなたの子どもはなぜ勉強しないのか Part 3　不登校編

2023 年 7 月 12 日　第 1 刷発行

著者　喜多　徹人

発行人　山口　教雄

本文・表紙デザイン　渡邉　幸恵（学びリンク）
イラスト　山下　蓮佳（同上）
発行所　学びリンク株式会社

〒 102-0076 東京都千代田区五番町 10 番地　JBTV 五番町ビル 2 階
電話 03-5226-5256　FAX 03-5226-5257
ホームページ　https://manabilink.co.jp
ポータルサイト　https://stepup-school.net/

印刷・製本　株式会社　技秀堂

ISBN　978-4-908555-66-4